Georg Felser

Selbstmotivation
Mit Energie und Tatkraft zum Erfolg

In Zusammenarbeit mit Europetrain

Cornelsen

Das vorliegende Werk ist eine überarbeitete und erweiterte Ausgabe des Titels „Selbstmotivation" aus der Reihe „Persönlicher Erfolg", Cornelsen Verlag Scriptor. Die Ergänzungen stammen von den Personalentwicklungsexperten Sandra Peters und Horst Bastian von der „europetrain GmbH" aus Bad Salzuflen, www.europetrain.de.

Verlagsredaktion:
Christine Schlagmann und Annette Preuß
Layout und technische Umsetzung:
Verena Hinze, Essen
Umschlaggestaltung:
Gabriele Matzenauer, Berlin
Titelfoto:
Gina Sander © Fotolia.com
Illustrationen:
Thomas Felser, Swisttal/Morenhoven

Informationen über Cornelsen Fachbücher und Zusatzangebote:
www.cornelsen.de/berufskompetenz

1. Auflage

© 2012 Cornelsen Verlag, Berlin

Druck: H. Heenemann, Berlin

ISBN 978-3-589-24071-5

 Inhalt gedruckt auf säurefreiem Papier aus nachhaltiger Forstwirtschaft.

Inhalt

Einleitung

Prozesse verstehen lernen

Wenn Sie als Leser/-in dieser Reihe diesen Band zur Hand genommen haben, versprechen Sie sich voraussichtlich mehr Erfolg in Ihrem beruflichen und privaten Leben. Vielleicht möchten Sie sich selbst geschickter motivieren, Ihre Leistung in bestimmten Bereichen verbessern oder sich für einen anderen Bereich den nötigen Anstoß zum Handeln geben. Vielleicht befinden Sie sich in einem Tief und suchen nach einer Enttäuschung oder Krise einen Weg, sich wieder zu motivieren und nach vorne zu schauen.

Die Erwartungen, die mit dem Thema Motivation verbunden werden, sind so vielfältig wie die Theorien, Modelle und Handlungsmuster, die von uns Psychologen erforscht, konstruiert und empfohlen wurden und werden. Deshalb möchte ich Ihnen in dieser Einleitung offenlegen, was Sie von dem vorliegenden Bändchen erwarten können und was nicht. Ich stelle Ihnen keine neue Theorie vor und kein neues „Geheimrezept", sondern ich fasse kompakt und – so ist jedenfalls mein Anspruch – verständlich und lesbar die wesentlichen wissenschaftlich gesicherten Erkenntnisse zusammen, die man für die Selbstmotivation kennen sollte. Am Ende stehen sinnvolle Handlungsmuster, und nach der Lektüre sollte es Ihnen gelingen, sich selbst besser zu motivieren.

Motivation ist ein Prozess, der mit Ihrer Persönlichkeit, mit Motiven, mit Zielen sowie mit Werten und Identität zusammenhängt. Jeder hat von diesen Begriffen eine Vorstellung und wir werden dies in den einzelnen Kapiteln auf einen gemeinsamen Nenner bringen. Erst dann ist es sinnvoll, sich den Randbedingungen und dem Motivieren von außen zuzuwenden, also all den Dingen, mit denen man landläufig versucht, Motivation zu „schaffen". Mit dem zuvor erarbeiteten Hintergrund werden Sie viel besser verstehen, was wirkungsvoll sein kann und was nicht.

Sie erwerben also mit dem Durcharbeiten eine nachhaltige Kompetenz, aber Sie finden keine auf die Kapitel verteilten Rezepte, nach dem Motto: Ich habe eine Situationsbeschreibung und hier finde ich nun die passende Lösung. Eine solche Verkürzung kann nicht funktionieren.

Das Besondere am vorliegenden Band ist die kompakte Konzeption. Sie erfahren alles Wesentliche, müssen sich aber kaum mit den dahinterliegenden Forschungen und Theorien auseinandersetzen. Der Band enthält seriöse psychologische Information, ist aber eben kein wissenschaftliches Buch, sondern ein Ratgeber. Sie können den Band ...

→ in überschaubarer Zeit durcharbeiten,
→ Sie finden Beispiele und Übungen vor und
→ es werden Handlungsvorschläge abgeleitet.

Der gedankliche Aufbau folgt dabei folgendem Prinzip: Wir beginnen zunächst einmal mit dem, was gewissermaßen „schon da ist". Damit meine ich die Motive und die

Motivation, die Sie schon haben. In diesem Punkt gilt: Je besser Sie sich selbst kennen, desto besser können Sie sich auch motivieren.

Wir gehen dann im nächsten Schritt zu einer Motivation über, die Sie erst noch schaffen müssen, etwa indem Sie sich Ziele setzen und sich gewissermaßen selbst „erziehen". Im dritten Schritt schließlich werden wir über Situationen sprechen, zu denen Sie sich kaum noch motivieren können, also solche, in denen Ihre Motivation regelrecht auf Widerstände stößt.

In allen Fällen soll Ihnen das Buch Vorschläge und Techniken vorstellen, die wissenschaftlich gut begründet sind.

Motivationstheorien

Es gibt nicht „die" Theorie, sondern viele

Die Grundunterscheidung: Intrinsisch und extrinsisch

Intrinsische Motivation können Sie im Grunde schon daran erkennen, dass Sie etwas tun, ohne dass Sie an die Ergebnisse denken, dass Sie etwas tun, weil es Ihnen Spaß macht und weil es Ihnen sozusagen ganz von allein eingefallen ist. Intrinsisch motiviert sein heißt, von innen heraus zu einem Verhalten getrieben zu werden, ohne dass es dazu äußerer Gründe bedarf.

Extrinsische Motivation wird demgegenüber von außen bestimmt. Wer Vorteile erreichen oder Nachteile vermeiden möchte, ist extrinsisch motiviert. Im Arbeitsleben fallen zum Beispiel materielle und den Status bestimmende Anreize auf der einen und Disziplinarmaßnahmen bzw. Sanktionen auf der anderen Seite darunter.

Betrachten wir zwei Kinder, die das Klavierspielen erlernen sollen. Das eine braucht gar nicht daran erinnert zu werden, dass es üben soll, das tut es ganz von allein. Tatsächlich fehlt ihm etwas, wenn es einen Tag lang nicht gespielt hat, und wenn ein Stück interessant und schwierig zu sein verspricht, überlegt es, ob es dieses Stück nicht selbst probieren soll. Das andere Kind übt auch, denkt dabei aber vor allem an Belohnungen, die ihm die Eltern versprochen haben. Außerdem weiß es, dass die Eltern sehr schimpfen werden, wenn es das Üben einmal vergessen hat und der Klavierlehrer mal wieder mit den Eltern sprechen muss. Diese beiden Kinder unterscheiden sich offenbar darin, ob die Motivation eher von innen oder von außen kommt.

Selbstverständlich ist die intrinsische Motivation zu bevorzugen: Sie macht mehr Spaß, ist verlässlicher und sehr viel dauerhafter über die Zeit.

Bedürfnistheorien

Sie basieren auf der Annahme, dass unbefriedigte Bedürfnisse einen negativen Zustand hervorrufen und das Individuum bestrebt ist, durch geeignetes Verhalten Abhilfe zu schaffen.

Die einzelnen hier zuzuordnenden Theorien kategorisieren die Bedürfnisse und differenzieren auch zwischen Vermeidung von Nichtbefriedigung und Herbeiführung von Befriedigung.

Breiter bekannt sind die Maslow'sche Bedürfnispyramide, die ERG-Theorie nach Alderfer, die Bedürfniskategorien nach McClelland und das Zwei-Faktoren-Modell von Herzberg.

Kognitive Theorien und Prozesstheorien

Kognitive Strukturen erklären, Wahrnehmung beschreiben, den Ablauf von Motivationsprozessen nachvollziehen – das sind die Ansatzpunkte dieser Gruppe von Theorien.

→ **Erwartungstheorien:** Sie führen Motivation auf die Erwartung zurück, dass ein bestimmtes Handeln bestimmte Folgen hat. Dabei werden Erfahrungen miteinbezogen. In Aussicht gestellte positive Folgen wirken motivierend, wenn sie ursächlich auf das Handeln zurückgeführt werden können, zu dem motiviert werden soll. Diese Theorien bieten also Ansätze für Motivation von außen.

→ **Zieltheorien:** Sie gehen davon aus, dass gemeinsam vereinbarte oder selbst gewählte Ziele motivierend wirken. Sie sind Grundlage des „management by objectives" und gehen ebenfalls davon aus, dass motiviert werden kann.

→ **Gleichheitstheorien:** Sie sind auf den einzelnen, aber wichtigen Aspekt fokussiert, dass Motivation höher ist, wenn sich jemand genauso behandelt fühlt wie vergleichbare andere, und sinkt, wenn er sich benachteiligt fühlt. Dabei geht es nicht um absolut gleiche, sondern die Umstände berücksichtigende, vergleichbar faire Behandlung.

→ **Reaktionstheorien:** Hier wird angenommen, dass Menschen sich bewusst verhalten und bei entsprechenden Freiheiten motiviert nach eigenen Wertvorstellungen tätig werden. Dies negiert die Motivierbarkeit durch alles von außen, was nicht mit diesen Wertvorstellungen konform geht.

1 Das Zusammenspiel von Person und Situation

Motive sind individuell geprägt

Motivation hängt mit dem zusammen, was man im Leben erreichen will. Häufig verbindet man damit das Erreichen einer Leistung, eines Leistungsstandards. Es ist auch meist nützlich für den beruflichen Erfolg, wenn man gerne Leistung bringt, wenn für einen selbst „Leistung" ein positiver Begriff ist. Aber: Leistung ist nicht das Einzige, wozu wir motiviert sind, und nicht immer verspricht hohe Leistungsmotivation auch Erfolg, nicht einmal im Beruf.

Es gibt verschiedene Formen der Motivation und fast jede davon kann auf ihre Weise zum Glück und zum Erfolg beitragen – privat und beruflich. Es gibt nicht nur die verschiedenen Formen der Motivation. Psychologen haben auch unterschiedliche Verhaltensmuster erkannt, die von der Person und der jeweiligen Situation abhängen. Das wird in diesem Kapitel näher dargelegt.

1.1 Richtung, Dauer und Intensität des Verhaltens

Im Alltag benutzen wir „Motivation" im Sinne von „Begeisterung", „Energie", „Tatkraft". Woran erkennen wir, dass jemand motiviert ist? Wie äußern sich Begeisterung und Tatkraft?

Nehmen wir ein Beispiel, in dem oft von Motivation die Rede ist: Sport. Ein hoch motivierter Sportler trainiert besonders lange und nimmt größere Mühen auf sich. Wenn die Mannschaft motiviert ist, dann strengt sie sich auch dann noch an, wenn sie eigentlich im Rückstand ist. Wer dagegen unmotiviert ist, wirft schneller das Handtuch und möchte sich nicht so arg anstrengen. In diesem alltäglichen Verständnis stecken drei zentrale Bestimmungsstücke:

→ Unsere Motivation bestimmt die Dauer und
→ die Intensität unseres Verhaltens.
→ Das dritte Bestimmungsstück betrifft die Richtung des Verhaltens.

Richtung bedeutet: Was eigentlich tun wir, worauf zielt das Verhalten ab, wie lässt es sich erklären?

DIE RICHTUNG DES VERHALTENS WIRD DURCH DAS „MOTIV", DEN „BEWEGGRUND" BESTIMMT.

Typische Beispiele für Motive, die wir aus Krimis kennen, sind etwa Habgier, Rache, Neid, Eifersucht oder Hass, sicher auch Hunger, vielleicht aber auch Liebe oder Leidenschaft. Sie bemerken an diesen Beispielen die enge Verwandtschaft zwischen Motiven und Emotionen. Diese Enge zeigt sich auch darin, dass Motivation, genau wie Emotion, zunächst einmal auf eine Erregung, einen Aktivationszustand des Organismus verweist.

Andere zentrale Motive sind freilich kaum mit Emotionen gleichzusetzen. Besonders bekannt ist etwa die Trias: Leistung, Macht und Anschluss, die ich später in Abschnitt 2.1 vertieft diskutieren möchte.

1.2   Anreiz und Motiv

Ein Motiv ist nicht immer gleichermaßen wach und aktiv. Zum einen können Motive befriedigt werden, dann ruhen sie eine Zeit lang. Zum anderen reagieren Motive auf die Umwelt: Ein lecker belegtes Brot stimuliert unseren Hunger, das frisch gezapfte Bier steigert unseren Durst, eine Wettkampfsituation stachelt unsere Leistungsbereitschaft an.

> *DIE SITUATIONSFAKTOREN BILDEN DIE ANREIZE FÜR UNSERE MOTIVE.*

Durch die Anreize werden unsere Motive verstärkt, ja manchmal braucht es sogar den Anreiz, um ein ansonsten schlummerndes Motiv zu wecken. Menschen haben unterschiedliche Bedürfnisse und Motive.

> *WELCHES MOTIV JEMAND HAT, ZEIGT SICH DARIN, WAS IN EINER SITUATION FÜR IHN EIN ANREIZ IST.*

Das Motiv bestimmt, auf welche Situationsreize jemand reagiert und welche ihn kaltlassen.

Motive und Anreize sind also eng miteinander verwoben. Trotzdem kann ein Verhalten auch dann zustande kommen, wenn nur eines von beiden vorhanden ist: Wer zwei Tage lang nichts gegessen hat, der wird wohl auch dann aus Hunger handeln, wenn er nicht durch ein leckeres Essen dazu angestachelt wurde.

Ein Verhalten kann auch ohne ein Zusammenwirken von äußeren und inneren Bedingungen zustande kommen. Gemeint ist hier wieder die Unterscheidung zwischen intrinsischer und extrinsischer Motivation.

Bei extrinsischer Motivation wird das Verhalten von Gründen kontrolliert, die außerhalb der Person liegen. Sind die Gründe für das Verhalten dagegen bei der Person zu suchen, verhält sie sich aus sich heraus so, wie sie sich verhält, spricht man von einer intrinsischen Motivation.

Lutz von Rosenstiel (2001, S. 11) illustriert diesen Unterschied folgendermaßen: Um ein leckeres Essen zu bekommen, müssen wir oft allerhand arbeiten: planen, einkaufen, Gemüse putzen, würzen, warten und noch einiges mehr. Wer das lästig findet und nur deshalb macht, damit er nachher das Essen hat, bei dem ist das Kochen extrinsisch, eben nur durch das Essen motiviert. Wer dagegen schon an der Vorbereitung seine Freude hat, dessen Kochen ist intrinsisch motiviert. Nach dieser Charakterisierung besteht also intrinsische Motivation darin, das Verhalten selbst und nicht seine Folgen als das eigentlich Angenehme und Erstrebenswerte zu erleben.

Bei manchen intrinsisch motivierten Verhaltensweisen lehnen wir möglicherweise sogar die Folgen des Verhaltens ab und wären vielleicht froh, wenn sie uns erspart bleiben würden, etwa wenn wir aus Wut oder Aggressivität handeln.

Ein intrinsisch motiviertes Verhalten ist gegenüber dem extrinsisch motivierten weniger von äußeren Bedingungen der Situation abhängig. Es ist auch enger mit Werthaltungen und Persönlichkeitsmerkmalen der Person verknüpft.

INTRINSISCH MOTIVIERTES VERHALTEN IST VIEL VERLÄSSLICHER UND STABILER. UM AN DIE QUELLE UNSERER EIGENEN MOTIVATION ZU KOMMEN, MÜSSEN WIR ALSO FESTSTELLEN, WOZU WIR INTRINSISCH MOTIVIERT SIND. AN DIESER STELLE GILT DAHER BEREITS ALS EINE ERSTE REGEL: ACHTEN SIE AUF IHRE GEFÜHLE UND SPÜREN SIE NACH, WAS IHNEN AN EINER SACHE SPASS MACHT.

Extrinsische Motivation ist weniger stabil und auch weniger mit Spaß verbunden. Allerdings wirkt sie kurzfristig sehr gut. Insofern ist nichts dagegen einzuwenden, wenn Sie sich und andere damit anspornen, dass Sie eine „Belohnung" in Aussicht stellen, solange es nicht darum geht, dass Sie dauerhaft motiviert sind.

Stellen Sie sich zum Beispiel vor, dass Ihnen Ihre Fahrprüfung sehr große Sorgen bereitet. Vielleicht lindert es Ihre Sorgen, wenn Sie sich eine Belohnung für die bestandene Prüfung bereithalten. Das wäre dann zwar in der Tat nur ein extrinsischer Anreiz. Aber wenn es Ihnen hilft, ist dagegen nichts einzuwenden. Warum? Weil Sie ja nicht davon ausgehen, dass Sie auf Dauer für Ihre Fahrprüfung motiviert sein müssen. Fahrprüfungen macht man ja hoffentlich nur sehr selten, die meisten Menschen sogar nur ein einziges Mal im Leben und da ist es relativ egal, ob Sie instrinsisch oder extrinsisch motiviert sind.

1.3 Motivierte und nicht Motivierte: Worin unterscheiden sie sich?

Dieter und **Regina** besuchen beide dieselbe Hochschule. Dieter studiert relativ lustlos vor sich hin. Kaum einmal nimmt er mehr auf sich, als unbedingt nötig ist. Seine Lernphasen sind übersichtlich kurz und liegen immer sehr dicht vor den Prüfungen. Ein klares inhaltliches Ziel, etwa ein Lieblingsthema in Prüfungen oder Hausarbeiten oder eine angepeilte berufliche Tätigkeit, ist nicht zu erkennen.

Ganz anders Regina: Sie hat schon mehrfach Sonderaufgaben übernommen, arbeitet zum Beispiel an einem Lehrstuhl als Hilfskraft und hat sich dort schon in ein kleines, nebenher laufendes Forschungsprojekt eingeklinkt – ohne zusätzliche Bezahlung wohlgemerkt. Sie hat praktisch keine eingegrenzten Lernphasen, sie ist ohnehin inhaltlich immer am Ball und rekapituliert den Prüfungsstoff vor den eigentlichen Terminen eher, als dass sie sich dann erst die Sachen einpaukt. Sie hat schon häufiger ihren Traumberuf genannt: Sie möchte gerne ein Touristikunternehmen führen. Tourismusmarketing ist daher jetzt schon ihre Spezialität.

Dieter und Regina sind Beispiele für niedrig und hoch motivierte Menschen: Dauer, Intensität und Richtung ihres Studien- bzw. Arbeitsverhaltens sind deutlich unterschiedlich. Man wird nun fragen: Warum eigentlich? Was unterscheidet Dieter von Regina, dass er weniger Freude und Antrieb beim Studium hat?

Eine Reihe von Gründen bieten sich an. Grob lassen sich solche Gründe unterscheiden in situations- und personseitige Gründe.

1.3.1 Mögliche Unterschiede in der Situation

Über einen der Unterschiede brauchen wir gar nicht zu spekulieren, er wurde genannt: Regina hat eine Hilfskraftstelle, die ihr offensichtlich Freude bringt. Ein solcher Job macht vielen Spaß. Dieter würde vielleicht auch aufblühen, wenn man ihm eine Stelle anbieten würde. Aber auch andere Situationsgründe sind möglich: Vielleicht hat Regina von Anfang an bessere Dozenten erwischt. Vielleicht sind auch ihre Aussichten nach dem Studium besonders motivierend. Vielleicht hat ihr Onkel ein Tourismusunternehmen und sie rechnet sich nun gute Chancen aus, dieses Unternehmen später einmal zu leiten.

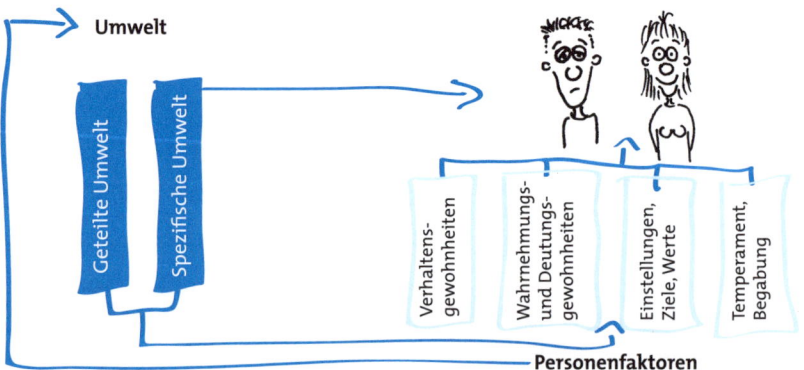

Motivierte und nicht motivierte Personen werden von unterschiedlichen Umwelt- und Personenfaktoren beeinflusst.

Kurz: Möglicherweise leben Dieter und Regina in deutlich unterschiedlichen Umwelten. Reginas Umwelt hält für sie viele motivierende Anreize bereit, Dieters Umgebung dagegen ist wenig anregend, vielleicht gar wird er ohnehin von anderen Anreizen bestimmt, die sein Interesse so oder so vom Studium abziehen.

Die Einflussfaktoren auf die Motivation werden in der Abbildung auf der vorangegangenen Seite veranschaulicht. Darin zeigt sich, dass Dieter und Regina nicht nur gemeinsamen, sondern auch spezifischen Umweltbedingungen unterliegen. Wenn beide unterschiedlich motiviert sind, liegt es nahe, hierfür Unterschiede in den spezifischen Umweltbedingungen verantwortlich zu machen, eben zum Beispiel Reginas Hilfskraftstelle.

Nun wird man nicht davon ausgehen, dass Regina ihre Hilfskraftstelle dem blinden Zufall zu verdanken hat. Regina wird sicher einiges dafür getan haben, den Job zu bekommen, und umgekehrt werden Jobs auch nicht etwa unter den Bewerbern ausgelost, sondern es werden die Leute genommen, zu denen der Job auch passt. Offensichtlich spielen Personmerkmale bereits bei der Verteilung von Situations- und Umweltbedingungen eine Rolle.

Welche Umweltbedingungen wir vorfinden und welche nicht, wird zu einem guten Teil davon bestimmt, wer wir sind und wie wir ‚drauf sind‘.

Das wird in der Abbildung durch den Pfeil von den Person- auf die Umweltbedingungen ausgedrückt.

1.3.2 Unterschiede in der Persönlichkeit

Vielleicht bestehen unabhängig von der Umgebung zwischen Regina und Dieter Unterschiede in der Persönlichkeit, sodass die eine sozusagen „von Natur aus" motiviert ist, der andere aber nicht. Das sind die beiden grundsätzlichen Möglichkeiten, den Unterschied zwischen den beiden zu erklären:
- → Einerseits: Regina ist motiviert, weil sie in einer motivierenden Umwelt lebt,
- → andererseits ist sie motiviert, weil sie der Mensch ist, der sie nun mal ist.

Betrachten wir die personseitigen Möglichkeiten etwas näher:
- → Vielleicht liegt es Regina einfach „im Blut", dass ihr das Studium Spaß macht.
- → Vielleicht hat sie einfach eine kaufmännische oder mathematische oder soziale Begabung, weswegen ihr bestimmte Aspekte des Studiums mehr Spaß machen als anderen.
- → Vielleicht hat sie auch ein Bedürfnis nach den Dingen, die im Studium gefragt sind; zum Beispiel sieht sie sich vielleicht jetzt schon als Managerin eines kleinen Unternehmens, und dieses Selbstbild kann sie – wenn auch nur behelfsmäßig – dadurch zum Ausdruck bringen, dass sie ihr Studium wie eine erfolgreiche Managerin meistert.

→ Das Studium entspricht vielleicht eher ihren Werthaltungen als Dieters, der seinerseits zu der Vorstellung neigt, mithilfe der Wirtschaftswissenschaften werde eher die Ausbeutung gefördert als die Welt verbessert.

UNSERE MOTIVATION IST UMSO HÖHER, JE BESSER UNSERE TÄTIGKEIT ZU UNSEREN WERTHALTUNGEN PASST UND JE BESSER SIE DEM ENTSPRICHT, WIE WIR UNS SELBST SEHEN.

Die personseitigen Faktoren habe ich in der Abbildung auf S. 14 nach dem Grad ihrer Veränderbarkeit geordnet. Temperament und Begabung sind über das Leben hinweg verhältnismäßig stabil, stabiler jedenfalls als Einstellungen und Werthaltungen, die sich im Laufe des Lebens durchaus ändern können. Noch eher veränderbar ist voraussichtlich die dritte personseitige Komponente, bei der sich situationsseitige und personseitige Faktoren mischen: die Wahrnehmungs- und Deutungsgewohnheiten.

Dieser Punkt zeigt sich am besten bei der geteilten Umwelt, also in Situationen, die für Dieter und Regina gleich sind, etwa eine unangenehme Klausur, die sie beide zu schreiben haben. Hier scheint Regina eine deutlich andere Sichtweise mitzubringen; sie sieht die Prüfung von vornherein nicht so sehr als den Kern des Studiums, das macht sie bereits gelassener. Anscheinend kann sie aber auch der Klausur noch etwas Positives abgewinnen; vielleicht ist es die „sportliche" Seite, die Herausforderung, oder die Gelegenheit zur Rückmeldung oder der weitere Schritt in Richtung Examen. Jedenfalls hat die Klausur bei ihr immer auch eine positive Seite.

Offenbar gibt es verschiedene Sichtweisen auf dieselbe Realität. Diese unterschiedlichen Möglichkeiten illustrieren Comelli und von Rosenstiel (1995, S. 128) in ihrem Buch über Arbeitsmotivation: In der Bibel gibt es über das Arbeiten sehr unterschiedliche Aussagen. Einerseits wird dort die menschliche Tätigkeit als Fortsetzung der Schöpfung beschrieben, ein großer Segen der Menschheit, in der wir uns also durch unser eigenes Tun „die Erde untertan machen" können. Andererseits gilt die Arbeit aber auch als Mühsal und Plage, als Strafe für den Sündenfall, dessentwegen der Mensch sein Brot „im Schweiße seines Angesichts" essen muss. Beide Interpretationen der menschlichen Arbeit können wohl richtig sein. Es ist daher oft keine Frage der objektiven Lebensbedingungen, ob jemand seine Arbeit als Fluch oder als Segen empfindet. Eine erhebliche Rolle spielt dabei auch die subjektive Interpretation. Comelli und von Rosenstiel empfehlen uns daher auch, „die Bestandteile des Fluches klein und die des Segens groß zu halten" (S. 128).

Was sagen uns die Beispiele für die Frage nach der Motivation?

ES IST OFT WENIGER WICHTIG, WIE DIE REALITÄT „OBJEKTIV" BESCHAFFEN IST; WICHTIGER IST, WIE WIR SIE INTERPRETIEREN.

Der Unterschied zwischen motivierten und nicht motivierten Menschen ist nicht unbedingt ein Unterschied in den objektiven Gegebenheiten, sondern eher ein Unterschied in den Interpretationen derselben Wirklichkeit.

Aus diesem Grund sind auch Bilder nützlich. Ein geistiges Bild, das uns anspricht, hilft die Welt anders zu sehen. Schon das sprachliche Bild von „Fluch und Segen" kann Ihrer Wirklichkeit eine andere Deutung geben.

Die in diesem Buch im Folgenden gegebenen Hilfestellungen und Ratschläge haben oft nur die Form von veränderten Sichtweisen und alternativen Interpretationen. Sie sind also keine Anleitung, die Lebensbedingungen zu revolutionieren. Sie können aber helfen, Wahrnehmungsgewohnheiten zu überwinden und die Spielräume, die uns bei der Interpretation unserer Umwelt zur Verfügung stehen, besser auszunutzen.

1.3.3   Unterschiede im Verhalten

Die letzte personseitige Komponente liegt nach der Abbildung auf S. 14 in den Verhaltensgewohnheiten. Im Beispiel neigt Dieter möglicherweise auch zu ungünstigen Verhaltensweisen, die es ihm schwer machen, die rechte Freude an der Arbeit zu entwickeln. Es ist immerhin möglich, dass er sehr viel motivierter wäre, wenn er sein Studium anders organisierte. Vielleicht würde er zum Beispiel davon profitieren, wenn er seine Lernphasen auf eine andere Tageszeit verlegen, wenn er andere Seminare besuchen oder einfach morgens nicht mehr so lange schlafen würde.

Solche Gewohnheiten sind mit einiger Disziplin verhältnismäßig leicht veränderbar; sie können sich ebenfalls auch auf die anderen Faktoren auswirken. Die Psychologie weiß seit langem, dass nicht nur unser Verhalten unseren Einstellungen folgt, sondern dass der umgekehrte Weg ebenso geläufig ist: Oft ändern wir unsere Einstellungen, nachdem wir unser Verhalten geändert haben. Die Änderung oberflächlich anmutender Gewohnheiten kann also durchaus sehr tief greifende Wirkung haben.

→ **Auf den Punkt gebracht:**

⊘ Sie möchten sich selbst oder andere motivieren. Sie möchten sich oder andere für etwas begeistern und bei einer Sache mitreißen. In diesem Kapitel 1 ist schon eines klar geworden: Es gibt weder die eine Motivationstheorie noch die eine Motivationstechnik.

⊘ Motivieren kann bedeuten, aus Motiven eine Motivation zu entwickeln. In diesem Fall besteht die erste Anforderung darin, die Motive zu finden, auf die man aufbauen kann. Unsere Motive zeigen sich zum einen in dem, was uns emotional anspricht. Zum anderen zeigen sie sich in dem, was uns wichtig ist.

- ✓ Unsere Motivation ist umso höher, je besser unsere Tätigkeit zu unseren Gefühlen und zu unseren Werthaltungen passt.

- ✓ Verhalten wird zwar durch Motive bestimmt, aber in der Umwelt müssen auch die passenden Anreize zu finden sein, die ein Motiv aktivieren.

- ✓ Schon einfache Beispiele zeigen, dass Menschen bei vergleichbaren Anforderungen sehr unterschiedlich motiviert sein können. Die Gründe liegen

  - ✗ in unterschiedlichen persönlichen Dispositionen,

  - ✗ in unterschiedlichen Umwelteinflüssen und

  - ✗ in unterschiedlichen Verhaltens- und Deutungsgewohnheiten.

- ✓ Motivieren bedeutet also ein Stück Arbeit:

  - ✗ Klären, welche Motive es gibt

  - ✗ Erkennen von Motiven bei sich selbst bzw. anderen

  - ✗ Berücksichtigen von Werthaltungen

  - ✗ Nutzen der Motive für das gewünschte Verhalten

- ✓ Erst dieser letzte Punkt – das Nutzbarmachen – führt zu Techniken, die oft so vordergründig angepriesen werden, die aber einfach nicht nachhaltig funktionieren können, wenn man nicht beachtet, dass es auf die Persönlichkeit des Individuums ankommt.

2 Motive

Welche es gibt und wie man sie erkennt

Im Folgenden betrachte ich zunächst unsere Motive. Die Ähnlichkeit von Motiven mit Emotionen habe ich schon angesprochen. Motive sind auch eng verwandt mit Einstellungen: Beide Begriffe bezeichnen eine Bereitschaft des Organismus, in einer bestimmten Weise zu reagieren. Meine Einstellung zu Gewalttätigkeiten regelt zum Beispiel meine Bereitschaft, „Pfui" zu sagen, wenn ich dieser Verirrung begegne. Genauso regeln mein Hunger oder mein Leistungsmotiv meine Bereitschaft, mich auf die Torte oder in die Arbeit zu stürzen, je nachdem.

EIN INTERESSANTER UNTERSCHIED ZWISCHEN EINSTELLUNGEN UND MOTIVEN BESTEHT IN DER STÄRKE ÜBER DIE ZEIT.

Meine Einstellungen habe ich eigentlich immer, sie schweigen nicht, nachdem ich mich ihnen gemäß verhalten habe. Sie können nicht, wie ein Motiv, befriedigt werden. Ein Motiv dagegen verliert seine Wirkung, nachdem es befriedigt wurde, und es dauert eine Weile, bis man es wieder ansprechen kann.

EIN WEITERER UNTERSCHIED ZWISCHEN MOTIVEN UND EINSTELLUNGEN BESTEHT IN DER STABILITÄT DER OBJEKTE.

Zur Befriedigung eines Motivs eignen sich meist unterschiedliche Gegenstände der Außenwelt. Meinen Hunger etwa kann ich auf vielfältige Weisen stillen. Mein Leistungsmotiv kann ich auf der Arbeit wie auch im Haushalt, bei der Beschäftigung mit meinem Hobby oder in der Freizeit, etwa beim Sport, befriedigen.

Die Gegenstände unserer Einstellungen sind demgegenüber weit weniger austauschbar, weil sie sich meist auf einen konkreten Gegenstand beziehen. Eine Einstellung könnte ich zum Beispiel gegenüber meinem Betrieb haben, indem ich mich mit ihm identifiziere, oder gegenüber einer Biermarke, indem ich diese bevorzugt wähle. Solche Einstellungen wechseln nicht einfach auf ein anderes Objekt.

WENN MAN MENSCHEN MOTIVIEREN WILL, KANN MAN AN BEIDEM ANSETZEN, AN EINSTELLUNGEN ODER MOTIVEN.

Einstellungen haben den Vorteil, dass sie sehr stark identitätsstiftend wirken können. Viele Menschen sind von ihren Einstellungen regelrecht durchdrungen. Starke politische oder religiöse Überzeugungen legt man nicht einfach in der Freizeit ab, sie beeinflussen den Menschen ständig. Beim Beispiel von Dieter und Regina habe ich ja bereits angedeutet – dies als eine weitere Querverbindung der beiden Begriffe –, dass ein besonders starkes Motiv des Menschen darin besteht, durch sein Verhalten seine

Einstellungen (das heißt eben auch: seine Werte, seine Identität) zum Ausdruck zu bringen.

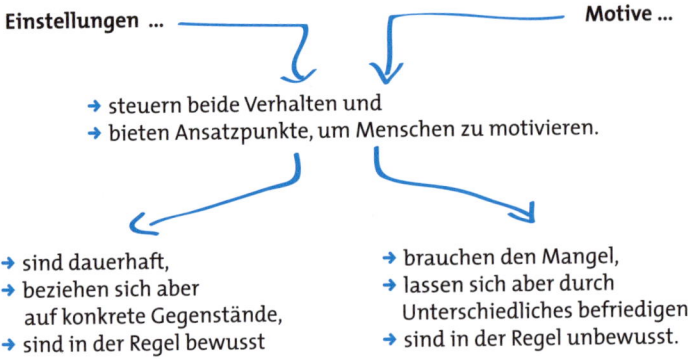

Ein weiterer Vorteil von Einstellungen gegenüber Motiven ist, dass man sich seiner Einstellungen meistens bewusst ist. Ich weiß, ich liebe Bücher und Literatur, das muss mir kein Psycho-Test offenbaren. Ich sehe mich dann also ganz bewusst selbst als den „Literatur-Typen" oder den „Bücher-Freak" und diese Identität kommuniziere ich normalerweise auch problemlos den Menschen meiner Umgebung. Das ist dann auch der Punkt, an dem man mich anstacheln kann, also bei Gelegenheiten, bei denen ich mal wieder meine Liebe zur Literatur – und vielleicht auch meine Belesenheit – darstellen kann. Der letztere Punkt allerdings ragt dann vielleicht schon in den Bereich hinein, der nicht ganz bewusst ist, nämlich ein wenig Eitelkeit, die ich mir nicht unbedingt immer gerne eingestehe.

Eine dritte Eigenschaft von Einstellungen: Im Unterschied zu Motiven sind Einstellungen nicht auf einen Mangel angewiesen. Der Gewälttätige ruft meine Ablehnung auch dann hervor, wenn ich soeben bereits über fünfzig andere Schlägertypen die Nase gerümpft habe. Die Torte dagegen kann meinen Hunger nicht mehr wecken, wenn ich zuvor bereits zehn Stücke gegessen habe. Auch ein noch so leistungsmotivierter Arbeiter möchte irgendwann etwas anderes machen, insbesondere dann, wenn er meint, tatsächlich etwas geleistet zu haben und also keinen Mangel zu leiden. In diesem Fall muss man abwarten, um das Motiv später wieder zu aktivieren.

2.1 Die großen Drei: Leistung, Macht, Anschluss

Die vorangegangene Erörterung hat häufiger das Leistungsmotiv ins Spiel gebracht, und Leistung erfährt ja auch in unserem Leben eine besonders große Aufmerksamkeit. Tatsächlich widmet sich auch die Motivationsforschung in besonderer Weise der Leistungsmotivation und legt hierzu besonders viele Ergebnisse vor.

Aber motiviert sein kann man auch zu vielen anderen Dingen – es lässt sich eine sehr große Zahl von Motiven ausmachen, und wenn man tief in die Feinheiten hineingeht, kommt dabei wohl heraus, dass man mindestens so viele Motive untersuchen könnte, wie es Menschen gibt.

Jeder Versuch, hier eine Übersicht zu schaffen, stellt eine starke Vergröberung dar. Eine vergleichsweise weit verbreitete „Vergröberung" bzw. Kategorisierung unterscheidet neben dem „Leistungsmotiv" noch zwei andere: „Macht" und „Anschluss" bzw. „Intimität". Zu diesen drei Kategorien finden wir Forschungsergebnisse, die wir uns für die Praxis zunutze machen können.

2.1.1 Leistung

Der bei weitem am besten untersuchte Motivationsbereich ist die Leistungsmotivation. Auch die Motivierungskünstler, die uns in Motivationsseminaren antreiben und aufputschen wollen, haben in den meisten Fällen eine Art von Leistung vor Augen.

Wir sind immer dann leistungsmotiviert, wenn wir versuchen, mit unserem Verhalten einem bestimmten Standard zu genügen. Der Begriff des Standards muss betont werden, auf den kommt es an. Drei Arten von Standards kann man unterscheiden, zwei davon sind relativ, einer ist absolut:

1. Der erste relative Standard ist der intraindividuelle Vergleich, der Vergleich mit sich selbst.
   Wenn ich zum Beispiel versuche, heute schneller zu laufen als letzte Woche, dann ist mein Standard meine Leistung aus der Vergangenheit.
2. Der zweite relative Standard ist der interindividuelle Vergleich, der Vergleich mit anderen Personen.
   Wenn ich schneller laufen will als mein Konkurrent, dann ist die Leistung des anderen mein Standard.
3. Der absolute Standard kommt ohne Bezug auf andere Leistungen aus.
   Wenn ich zum Beispiel ein Computerprogramm schreiben will, das eine bestimmte Aufgabe erfüllt, dann ist der Standard erreicht, wenn das Programm fehlerfrei funktioniert.

Wenn Ihnen eine dieser Facetten reizvoll erscheint, etwa sich selbst oder andere zu übertreffen oder ein bestimmtes Ziel zu erreichen, dann sind Sie leistungsmotiviert.

Hoch Motivierte können Sie daran erkennen, wie hart und wie erfolgreich sie arbeiten, denn darin äußert sich letztlich das Leistungsmotiv. Worin unterscheiden sich hoch und niedrig Leistungsmotivierte noch? Die folgende Tabelle nennt bekannte Unterschiede (Hermans, Peterman & Zielinski, 1988).

Unterschiede zwischen hoher und niedriger Leistungsmotivation

→ Hoch Leistungsmotivierte wählen aus Aufgaben eher eine mittlere Schwierigkeit, das heißt, sie meiden extrem einfache oder extrem schwere Aufgaben. Das hat damit zu tun, dass Leistungsmotivierte gerne wissen, ob sie gut arbeiten und wie gut sie arbeiten – und diese Information erhalten sie am besten, wenn Erfolg oder Misserfolg keine triviale Erklärung haben.

→ Hoch Motivierte verharren länger bei Aufgaben mit mittlerer Schwierigkeit. Niedrig Motivierte verharren dagegen länger bei Aufgaben mit Extremwerten in der Schwierigkeit.

→ Bei Spielen, die nur vom Zufall abhängen, wählen hoch Motivierte geringere Risiken als niedrig Motivierte. Anscheinend sehen hoch Leistungsmotivierte keine Herausforderung darin, ihr Glück auf die Probe zu stellen; sie werden von Glücksspielen eher wenig angesprochen.

→ Hoch Motivierte erinnern sich besser an unerledigte Aufgaben als niedrig Motivierte. Nach einer Unterbrechung nehmen sie lieber solche Aufgaben wieder auf, bei denen sie zuvor Misserfolg hatten.

→ Personen mit hoher Motivation besitzen eher eine dynamische, solche mit niedriger eher eine statische Zeitwahrnehmung. Das heißt, hoch Motivierte langweilen sich nicht, haben eher zu wenig als zu viel Zeit und finden, dass „Zeit Geld ist".

→ Hoch Leistungsmotivierte zeigen eine starke Zukunftsorientierung, sie planen eher weit im Voraus.

→ Wenn ein Partner (etwa bei der Arbeit) zu wählen ist, dann entscheiden sich hoch Motivierte eher für einen kompetenten, aber unsympathischen Partner als für jemand niedrig Motivierten.

2.1.2 Macht

> Ein Beispiel: Wenn ich meinen Konkurrenten übertrumpfen will, dann kann das daran liegen, dass mein Konkurrent für mich ein wichtiger Vergleichsstandard ist. Es kann aber auch daran liegen, dass es mir Vergnügen bereitet, besser zu sein als der andere, und dass ich mir hiervon eine Aufwertung meiner Person verspreche. Im ersteren Fall wäre ich leistungs-, im letzteren dagegen machtmotiviert. Hier muss man also etwas genauer hinschauen. Wenn man nur weiß, dass ich den anderen bei meinem Verhalten vor Augen habe, genügt das noch nicht, um zu entscheiden, welches Motiv ich befriedige.

Betrachten wir die beiden Motive Leistung und Macht noch etwas näher: Leistungsmotivierte Personen möchten durch die Leistung etwas über sich selbst erfahren. Sie schließen aus dem Erreichen des Standards auf sich und ihre Leistungsmöglichkeiten. Daher befriedigt es bereits das Leistungsmotiv, wenn man über die Leistung eine Rückmeldung erhält.

Ruhm und Ehre eines Sieges sind dagegen weniger für den leistungs- als für den machtmotivierten Menschen interessant. Wer Leistung um der Trophäe willen bringt, ist daher wohl eher an Macht und Prestige als an der Leistung selbst interessiert.

Machtmotivierte Menschen reizt es, „das Heft in der Hand zu haben" und Kontrolle auf andere auszuüben. Ob jemand Karriere macht, sollte daher nicht allein von seinem Leistungsmotiv abhängen, auch das Streben nach Macht könnte eine Person auf der Karriereleiter nach oben befördern. Allerdings ist dies keineswegs sicher, denn ein starkes Machtmotiv geht mit einer Reihe von unangenehmen Folgen einher. Im Vergleich zu niedrig machtmotivierten Personen haben hoch machtmotivierte

→ häufiger Streit und Auseinandersetzungen,
→ weniger stabile Partnerschaften,
→ stellen häufiger Prestigeobjekte zur Schau und
→ neigen stärker zu impulsivem Verhalten und stärkerem Alkoholkonsum (zusammenfassend Puca & Langens, 2002).

Es sind wohl kaum solche Eigenschaften, die Machtmotivierte in die Chefetagen befördern. Tatsächlich kann man auch zeigen, dass ein so verstandenes Machtmotiv in unserer Gesellschaft nicht mit Erfolg einhergeht. Man kann sich fragen, warum Menschen dann ein Motiv besitzen, das ihnen anscheinend wenig nützt. Darauf kann man zwei Antworten geben:

Zum einen gibt es durchaus Lebensformen, bei denen die genannten Verhaltensweisen „nützlich" sind, jedenfalls zu dem Ziel führen, den Status zu erhöhen: Im Tierreich kommt das vor. Insofern könnte man diese Facette des Machtmotivs als ein Überbleibsel der Evolution verstehen, das heute seinen Zweck nicht mehr erfüllt.

Zum anderen aber hat das Machtmotiv auch sehr positive Seiten. Sobald sie die Macht nämlich nicht zum eigenen Vorteil, sondern zum Nutzen anderer einsetzen, können Machtmotivierte viel Gutes bewirken. Sie sind sozusagen die geborenen Führer, Erzieher, Lehrer oder großen Geschwister. Das Bewusstsein, dem anderen in einem Punkt überlegen oder voraus zu sein, treibt sie regelrecht an, diesem dann zu helfen und ihn zu fördern. Und der Machtmotivierte macht das nicht nur so nebenbei und als Erledigung einer lästigen Pflicht, er geht genau darin auf. Dies zeigt sich vielleicht besonders gut im Umgang mit Kindern – von daher ist die Elternschaft eine ganz besonders reichhaltige Anreizsituation für Machtmotivierte.

2.1.3   Anschluss und Intimität

Viele Menschen sehen es als einen großen Vorteil ihrer beruflichen Tätigkeit an, wenn sie dabei „mit Menschen zu tun" haben. Manche würden, wenn sie zwischen verschiedenen Aufgaben zu wählen haben, gezielt jene wählen, bei der sie mit anderen zusammenarbeiten. Wenn diese Menschen bei ihrer Tätigkeit alleine sind, fehlt ihnen dann der nötige Antrieb, sie sind unmotiviert. Solche Personen haben ein starkes Anschlussmotiv.

BEI DEM ANSCHLUSS- BZW. INTIMITÄTSMOTIV STEHT DIE GEMEINSCHAFT MIT ANDEREN IM MITTELPUNKT.

Anschlussmotivierte Menschen
- → sind gerne mit anderen zusammen,
- → öffnen sich anderen gegenüber leicht,
- → haben aber auch gleichzeitig ein starkes Bedürfnis, gemocht zu werden.

Die Beispiele zeigen bereits, dass das Anschlussmotiv keineswegs auf den privaten Bereich, die Familie und die Partnerschaft begrenzt ist. Wenn jemand sich im Beruf einsetzt, dann kann es durchaus sein, dass ihn dabei weder Leistung noch Macht antreibt, sondern dass er damit sein Streben nach Anschluss, nach Intimität und Gemeinschaft mit anderen verwirklicht.

Zu den beschriebenen Motiven lassen sich auch hormonelle Zusammenhänge nachweisen. Besonders interessant ist das Hormon, das ein starkes Anschlussmotiv begleitet: Menschen, die nach Intimität streben, verfügen über deutlich höhere Konzentrationen des Hormons Oxytozin (vgl. Puca & Langens, 2002). Dieser Botenstoff bekam schon eine Reihe populärer Ehrentitel, etwa „Power-", „Liebes-" oder „Bindungshormon". Er wird freigesetzt bei Gefühlen der Nähe, bei Berührungen, sogar bei symbolischen Berührungen, wie wir sie vielleicht empfinden, wenn wir einen angenehmen Brief lesen. Zudem hat Oxytozin luststeigernde Wirkung und spielt eine Rolle beim sexuellen Höhepunkt. Insgesamt wirkt es angenehm, entspannend und reduziert Stress. Dies kann man daher auch in einem weiteren Sinne von intimitätsmotiviertem Verhalten sagen: Es kann ein Puffer gegen Stress sein. Wir werden darauf zurückkommen.

2.1.4 Die Beziehung der „großen Drei" zueinander

Die gleichen Verhaltensweisen können oft mehreren Motiven dienen, je nachdem, unter welchem Gesichtspunkt man sie betrachtet. Typische Leistungssituationen, etwa im Sport oder Beruf, erlauben es, neben dem Macht- und Leistungsmotiv auch das Anschlussmotiv zu befriedigen: Wir treffen Leute bei der Arbeit oder im Sportverein. Vielleicht machen wir Arbeit oder Sport möglicherweise sogar gerade dieser Leute wegen besonders gerne.

Andererseits werden Situationen, die typischerweise zum Anschluss- und Intimitätsmotiv gehören, von manchen Menschen viel mehr als Erfüllung anderer Motive gesehen – etwa wenn eine Person ihre Eroberungen auf dem „Partnerschaftsmarkt" als Leistung („Ich hatte mehr Frauen als Mick Jagger und Casanova zusammen") oder Macht erlebt („Es genügt ein Wink von mir, und er würde Frau und Kinder im Stich lassen, nur um bei mir sein zu können").

Jedes Motiv hat aber seine eigenen Anreizbedingungen. Es sind also immer unterschiedliche Facetten einer Situation, die unterschiedliche Menschen motivieren.

UM UNS UND ANDERE WIRKLICH MOTIVIEREN ZU KÖNNEN, MÜSSEN WIR WISSEN, WAS AN EINER SITUATION FÜR EINE SPEZIFISCHE PERSON DER ANREIZ IST.

Was für die meisten Menschen an einer Situation befriedigend ist, muss es nicht für jeden Einzelnen sein.

Leistungs- und Machtmotiv im Leben

Stellen wir uns vor, wir wollten unterschiedliche Menschen zur selben Tätigkeit motivieren. Wie könnte man leistungsmotivierte Arbeiter anspornen, wie machtmotivierte?

Die Leistungsmotivierten würden gerne wissen, was genau sie geleistet haben. Wenn man beispielsweise nach einem Jahr am Fließband sagt: „Dies war eine gute Leistung und deshalb befördere ich Sie", dann ist das für die Leistungsmotivierten in einem Punkt unbefriedigend. Leistungsmotivierte wüssten nämlich gerne, was genau sie geleistet haben, warum das eine gute Leistung war. Umgekehrt würde es die Machtmotivierten vielleicht kaltlassen, wenn sie alle paar Wochen über den Fortschritt des Projekts informiert würden.

Beide Motive, Leistung und Macht, können Sie im Leben weiterbringen. Beide tun dies aber nur unter bestimmten Bedingungen (zusammenfassend siehe Puca & Langens, 2002): In unserer Gesellschaft kommen machtmotivierte Menschen nur vorwärts, wenn sie einen verantwortungsvollen Umgang mit der Macht anstreben. Wer Macht für sich selbst haben will und in den Dienst seiner eigenen Ziele stellt, genießt gerade darum kein besonders hohes Ansehen.

VERANTWORTUNGSVOLLE PERSONEN MIT HOHEM MACHTMOTIV SIND BESONDERS GUT GEEIGNET FÜR LEITUNGS- ODER ERZIEHERISCHE FUNKTIONEN, SIE SIND GUT ALS MANAGER.

Dies gilt keineswegs für alle Leistungsmotivierten. Ein hohes Leistungsmotiv geht in erster Linie mit einem hohen Interesse an der Aufgabe und an der eigenen Leistung einher. Wissenschaftler, Sportler oder Künstler können mit dieser Grundhaltung bis auf die höchsten Stufen ihrer Zunft aufsteigen. Aber sobald die höchsten Stufen in Führungsaufgaben bestehen, wird ein hohes Leistungsmotiv nicht ausreichen.
Wie gesagt: Führung ist weniger eine Leistung als eine Ausübung von Macht und dies befriedigt eher jene Menschen, die auch ein entsprechendes Machtmotiv haben (McClelland & Franz, 1992).

Der Erfolg beim Anschlussmotiv

Das Bedürfnis nach Anschluss und Intimität erweckt auf den ersten Blick vielleicht den Eindruck, als würde es zwar guttun, aber als habe es mit dem Erfolg im Leben, schon gar dem beruflichen Erfolg nicht viel zu tun. Ein Beruf, der uns den Kontakt zu Menschen verschafft, kann uns zwar Erfolg bringen, aber das tut er nicht, weil er unser

Anschlussmotiv befriedigt. Trotzdem gibt es einen fast schon überraschenden Zusammenhang zwischen dem Anschlussmotiv und beruflichem Erfolg.

McAdams und Vaillant (1982) zeigten in einer Längsschnittstudie über 17 Jahre, dass Männer, die mit 30 über ein hohes Intimitätsmotiv berichteten, später ein höheres Einkommen hatten, beruflich erfolgreicher und in ihrer Ehe zufriedener waren als Männer mit niedrigem Anschlussmotiv. Zudem hatten sie auch seltener Alkohol- und Drogenprobleme und berichteten seltener von Angst oder Depression.

Dieser Befund wird erklärlich, wenn man sich vor Augen führt, dass das Anschlussmotiv mit stressreduzierenden Hormonen zusammenhängt (Puca & Langens, 2002).

IM OPTIMALEN FALL SIND ANSCHLUSS- UND INTIMITÄTSMOTIVIERTE MENSCHEN ENTSPANNTER UND GELASSENER ALS WENIG INTIMITÄTSMOTIVERTE.

Dieser positive Effekt gilt allerdings nur dann, wenn das Anschlussmotiv vor allem in der Hoffnung und der Zuversicht auf eine befriedigende Gemeinschaft mit anderen besteht und wenn die Angst vor Zurückweisung nicht dominiert. Welche Probleme mit diesem Punkt verbunden sind, werden wir uns in Kapitel 2.2 näher anschauen.

Überlagerung der Motive
Die vorausgegangenen Ausführungen haben vielleicht den Eindruck vermittelt, ein Mensch sei entweder macht-, leistungs- oder anschlussmotiviert. Dies ist nicht der Fall: Theoretisch kann jeder Mensch alle drei Motive haben. Sie können dann – theoretisch – sogar alle drei gleich stark sein.

> ## → Praxisanwendung
>
> *Folgende Leitfragen helfen Ihnen, Transparenz über Ihre Motive zu erhalten:*
>
> 1. *Überlegen Sie anhand der Beschreibungen und Beispiele, welches der drei Motive – Leistung, Macht, Anschluss – Ihnen entspricht. Ergänzen Sie dann weitere für Sie wichtige Motive.*
>
> 2. *Notieren Sie in einem nächsten Schritt, WO (z.B. Arbeit, Sport, Haushalt, Urlaub usw.) und WIE (Tätigkeiten, Handlungen, Verhaltensweisen usw.) Sie diese Motive im Alltag befriedigen.*
>
> 3. *Nennen Sie je drei Beispiele für Situationen, in denen sich Ihre Motive im Alltag zeigen.*

2.2   Die Kehrseite der Motivation: Annäherung und Meiden

Eine Szene wie in einem Woody-Allen-Film: Der pubertierende Tanzschüler bringt es nicht über sich, seine Angebetete aufzufordern. Alle ermutigenden Zeichen nützen nichts. Das gute Zureden seiner Freunde beantwortet er mit dem vernichtenden Ausruf: „… und wenn sie ‚Nein' sagt? Das könnte ich nie ertragen!"
Dabei ist unser Tanzschüler ja durchaus hoch anschlussmotiviert: Seine Gedanken kreisen hartnäckig um die Fragen, was die Angebetete wohl über ihn denken mag, ob er denn eine Chance bei ihr hat und wie schrecklich es für ihn wäre, wenn sie ihn ablehnt.

Bei diesem letzten Gedanken aber liegt das entscheidende Problem: Sein Anschlussmotiv äußert sich nicht in der Hoffnung auf Erfolg, sondern in der Angst vor Misserfolg. Praktische Folgerung: Einer Person, die keine Leistungssituation aufsucht, muss darum der Erfolg nicht unbedingt gleichgültig sein. Vielleicht ist ihr der Erfolg sogar sehr wichtig – so wichtig, dass sie Misserfolg für eine Riesenkatastrophe hält.

Der Tanzschüler, der es nicht über sich bringt, seine Angebetete aufzufordern: Sollen wir glauben, seine heimliche Liebe sei ihm egal? Vielleicht ist das Gegenteil der Fall. Vielleicht ist er so sehr von ihr eingenommen, dass ihr „Nein" wirklich sein Untergang wäre.

„… und wenn sie ‚Nein' sagt? Das könnte ich nie ertragen!" Die Angst vor einem Misserfolg lässt uns oft sogar vor Herausforderungen zurückschrecken, bei denen der Erfolg gar nicht so unwahrscheinlich ist.

Er ist hier befangen in der natürlichen Kehrseite der Motivation, die für alle Motive gilt: Wer den Erfolg sucht, riskiert gleichzeitig immer auch den Misserfolg. Wer sich anderen Personen zuwendet, riskiert dabei auch, zurückgewiesen zu werden. Wer sich einem Wettbewerb stellt, riskiert, der Unterlegene zu sein.

ZUR MOTIVATION GEHÖRT DAS KRÄFTESPIEL ZWISCHEN ANNÄHERUNG UND VERMEIDUNG. ALLE MENSCHEN, DIE MOTIVIERT SIND, MÜSSEN ZWISCHEN DER HOFFNUNG AUF

Erfolg und der Angst vor Misserfolg vermitteln. Nur wer gar keine Motivation verspürt, hat dieses Problem nicht.

Bei der Vermittlung fragt sich dann immer, was stärker ist: Die Erfolgszuversicht oder die Misserfolgsängstlichkeit. Je nachdem, welche Tendenz überwiegt, gehört man zu einem von zwei Typen, zu den
- → Erfolgszuversichtlichen oder den
- → Misserfolgsängstlichen.

Annäherungs- und Vermeidungstendenzen gibt es für alle drei Motive, wie die Tabelle auf der folgenden Seite zeigt:

	Annäherung	Vermeidung
Leistung	Hoffnung auf Erfolg	Angst vor Versagen
Macht	Erwartung von Prestige-gewinn oder Kontrolle	Angst vor Kontrollverlust oder vor sinkendem Ansehen
Anschluss	Hoffnung auf Gemeinschaft mit anderen Menschen	Angst vor Ablehnung und Zurückweisung

Beispiele für Annäherungs- und Vermeidungstendenzen bei den drei großen Motiven

Aus dieser Differenzierung ergibt sich eine Reihe wichtiger Folgen.

Folgen für Anschlussmotivierte

Anschlussmotivierte Menschen sind durchaus nicht immer bei anderen beliebt – obwohl sie doch gerade das anstreben (Puca & Langens, 2002). Die Angst vor Zurückweisung stützt anscheinend eine Reihe von Verhaltensmustern, die nicht immer als sympathisch erlebt werden. Zudem genießen die vermeidungsorientierten Menschen nicht eine zentrale positive Seite des Intimitätsmotivs, nämlich die entspannende und stressreduzierende Wirkung der Gemeinschaft mit anderen. Wer in dieser Gemeinschaft immer wieder die Furcht vor Zurückweisung erlebt und meint, sich vor Ablehnung schützen zu müssen, durchlebt eher ein entnervendes Wechselbad zwischen Stress und Entspannung.

Folgen für Leistungsmotivierte

Eine andere Folge aus der Differenzierung zeigt sich, wenn unterschiedlich leistungsmotivierte Menschen Aufgaben wählen. Ein wesentlicher Kern unseres Leistungsmotivs besteht ja darin, dass wir uns anhand der Leistung selbst bewerten wollen. Der Erfolg in der Leistungssituation ist daher also eine Rückmeldung über uns selbst.

Nun sind aber solche Rückmeldungen, die schon von vornherein, gleichsam unter Garantie Erfolg bedeuten, wenig informativ und insofern banal und nutzlos. Wenn ich zum Beispiel gegen die größte Flasche unseres Tennisclubs antrete, dann ist mir zwar der Erfolg ziemlich sicher, aber ich lerne dabei nichts über mich selbst. Meine tatsächliche Tennis-Leistung kann man an diesen Siegen nicht ablesen. Ob ich wirklich gut bin, zeigt sich erst, wenn ich Gegner habe, die mir ebenbürtig sind. Diese Situationen sind unter dem Gesichtspunkt der Selbsterkenntnis und Information optimal – hier zeigt sich, was ich wirklich draufhabe.

Wenn wir nun im Alltag Aufgaben wählen, wirken dabei Erfolgszuversicht und Misserfolgsängstlichkeit. Man kann an unseren Entscheidungen ablesen, was von beiden gerade überwogen hat.

Beispiel

Stellen wir uns vor, Irene kann gegen drei verschiedene Gegner in ihrem Schachclub antreten. Boris ist noch jung und verliert ständig, Lara ist genauso stark wie Irene und Ivan ist der Champion, der bereits auf vielen internationalen Turnieren gewonnen hat. Gegen wen würde sie spielen, wenn ihre Hoffnung auf Erfolg größer ist als ihre Angst vor Misserfolg und sie wirklich wissen will, wie gut sie ist?

Am wahrscheinlichsten ist, dass sie Lara wählt, denn nur bei einer gleich starken Gegnerin kann sie aus dem Erfolg und aus dem Misserfolg etwas für sich lernen. Wählt sie Ivan, dann wäre ihr Misserfolg nicht weiter aufschlussreich, denn gegen ihn verlieren praktisch alle Mitglieder des Clubs. Ein eventueller Erfolg gegen ihn wäre zwar umso prächtiger, er ist aber viel zu unwahrscheinlich. Wählt sie Boris, dann ist ihr der Sieg quasi sicher, er enthält aber ebenfalls keine Informationen über ihre tatsächliche Stärke.

Wie sieht nun aber ihr Wahlverhalten aus, wenn ihre Angst vor Misserfolg die Hoffnung auf Erfolg deutlich überwiegt? Eine Möglichkeit ist, dass sie Boris wählt. Dann braucht sie sich vor Misserfolg nicht zu fürchten, denn Boris verliert immer. Ebenfalls wahrscheinlich ist aber auch, dass sie Ivan wählt. Warum? Immerhin wird sie ziemlich sicher verlieren und das ist es ja, wovor sie anscheinend Angst hat. Die Antwort liegt in dem Informationsgehalt ihres Misserfolgs: Da alle gegen Ivan verlieren, sagt ihre Niederlage nicht viel über ihre tatsächlichen Fähigkeiten. Die Bedingungen, unter denen sie angetreten ist, sind von vornherein derart ungünstig, dass ein Misserfolg ihren Selbstwert nicht wirklich bedroht: Sie muss daraus nicht schließen, dass sie unfähig wäre.

Unser Interesse an Rückmeldungen zu unserer eigenen Person wird also davon bestimmt, welche Hoffnungen und Ängste wir damit verknüpfen:

→ Sind wir einigermaßen zuversichtlich, dann begeben wir uns in Situationen mit hohem Risiko, aber auch mit hohem Informationsgehalt.

→ Misserfolgsängstliche Personen wählen tatsächlich eher als erfolgszuversichtliche extrem leichte oder extrem schwere Aufgaben. Das heißt nicht, dass sie mittelschwere Aufgaben meiden würden, die wählen sie insgesamt immer noch am häufigsten. Aber: Extremes – und im Falle der schwierigen Aufgaben sogar scheinbar widersinniges – Wahlverhalten findet man am ehesten bei solchen Personen, die mehr den Misserfolg fürchten, als dass sie den Erfolg erwarten.

→ **Praxisanwendung**

Folgende Leitfragen helfen Ihnen, Transparenz über Ihre Vermeidungsstrategien zu erhalten und die damit verbundenen Auswirkungen im Alltag zu reflektieren sowie den Blick auf alternative Handlungsstrategien und deren Auswirkungen zu richten:

1. *Überlegen Sie, welche Situationen Sie im Alltag meiden. Oft hat man augenscheinlich einen „verdeckten Gewinn", wenn man Situationen meidet. Was ist Ihr verdeckter Gewinn, wenn Sie die eben genannten Situationen meiden?*

2. *Reflektieren Sie nun in einem nächsten Schritt, welchen Gewinn Sie haben KÖNNTEN, wenn Sie die Situationen nicht meiden, bzw. was auch in einem „schlimmsten Fall" passieren könnte.*

   Versuchen Sie in der nächsten Woche, eine der von Ihnen definierten Situationen, in denen Sie Vermeidungsstrategien anwenden, „auszuhalten". Notieren Sie im Anschluss, was passiert ist. Wie haben Sie sich gefühlt? Wie hat Ihre Umgebung reagiert? Was hat sich im Ergebnis verändert?

3. *Notieren Sie Reaktionen, die Sie zeigen, wenn Sie Ihre Motive im Alltag nicht befriedigen können. Was passiert bzw. ist die Konsequenz, wenn Sie im Alltag über einen längeren Zeitraum keine Befriedigung Ihrer Bedürfnisse erhalten?*

2.3 Das Erkennen von Motiven

Die vorausgegangenen Ausführungen haben es schon deutlich gemacht: Es kommt darauf an, dass wir erkennen, was uns im Besonderen motiviert. Dies soll uns im Folgenden beschäftigen, und hier wird es dann auch richtig „praktisch". Wie also kommen wir an unsere Motive?

Einige Motive hat vielleicht so gut wie jeder, andere dagegen haben nur manche Menschen. Einige Motive sind vielleicht vorhanden, werden aber bereits befriedigt. Zudem sind uns unsere Motive wohl auch nicht alle bewusst. Zum Beispiel reflektieren wir in unserem Alltag unsere Motive kaum. Zum Mindesten sind wir es nicht gewohnt, etwa von einem „Leistungsmotiv" zu sprechen. Wenn wir über eigene Bedürfnisse und die anderer Menschen nachdenken, würden uns solche Begriffe kaum einfallen.

Wenn wir uns fragen, welche Motive so verbreitet sind, dass praktisch jeder sie hat, wird man am wenigsten Schwierigkeiten bei den biologischen Bedürfnissen haben. Die wichtigsten sind Durst, Hunger, Schlaf und Sexualität. Aber bereits diese Bedürfnisse muss man weiter spezifizieren. Von Rosenstiel (2001, S. 30) fragt: „Aber haben wir überhaupt noch ‚Durst'? Haben wir nicht ‚Bierdurst' oder ‚Kaffeedurst'?" Dieser Gedanke macht deutlich:

SELBST UNSERE GRUNDLEGENDSTEN BEDÜRFNISSE SIND LÄNGST KULTURELL GEPRÄGT UND WURDEN IN INDIVIDUELLE BAHNEN GELENKT.

Welche Motive haben wir nun also? Im Folgenden möchte ich diskutieren, wie man diese Frage beantworten könnte. Beginnen wir mit Motiven, die vermutlich alle Menschen gleichermaßen haben und die relativ offen liegen.

2.3.1 Unsere Vorstellungen von einem guten Leben – Blick der Wahrnehmungs- und Verhaltenspsychologie

Unser tägliches Handeln bezieht sich oft einfach auf Vorstellungen, die wir von einem „guten Leben" („vision of the good life", O'Shaughnessy, 1987, S. 9) haben. Diese Vorstellung bildet Bedürfnisse, die man jedem Menschen unterstellen kann. Sie ist einfach und alltagssprachlich fassbar.

O'Shaughnessy (1987, siehe auch Felser, 2007, S. 45 f) stellt hierzu eine Reihe von Gegensatzpaaren vor, die vermutlich kaum einen Widerspruch hervorrufen dürften. Menschen sind grundsätzlich ...

- → lieber gesund als krank,
- → lieber satt als hungrig,
- → lieber voller Leben als elend und träge,
- → lieber physisch sicher als bedroht,
- → lieber geliebt und bewundert als gehasst und gemieden,
- → lieber Insider als Outsider, die nur Zuschauer spielen dürfen,
- → lieber zuversichtlich als unsicher,
- → lieber heiter und gelassen als angespannt und ängstlich,
- → lieber schön als hässlich,
- → lieber reich als arm,
- → lieber wissend als unwissend,
- → lieber Bestimmer über das eigene Schicksal als Spielball der Ereignisse,
- → lieber gut unterhalten als gelangweilt.

Diese Liste ist offen und kann ergänzt werden um alles, was gut und teuer ist. Man hat sich für diese Wünsche oder Motive nicht bewusst entschieden und man hat sie wohl auch, ohne sich dessen immer bewusst zu sein.

Es ist kaum ein Kunststück, diese Motive an sich und an anderen festzustellen. Die Kunst besteht vielmehr darin, die Verbindung zwischen einem Verhalten – etwa dem Besuch einer Abendakademie oder dem Gebrauch Ihres Handys – und diesen Bedürfnissen zu erkennen und gegebenenfalls zu etablieren. Es kommt nämlich gar nicht selten vor, dass derartige Verbindungen übersehen werden und somit bestimmte Bedürfnisse nur latent vorhanden sind.

Der erste Vorschlag, den ich zur Bestimmung von Motiven und Bedürfnissen mache, besteht also nicht darin, ein Motiv zu erkennen, das längst vorhanden und wirksam ist, sondern in folgender Aufgabe:

> ### ➜ Aufgabe
>
> *Versuchen Sie, bei sich ein eher nur potenzielles, auf jeden Fall aber verborgenes Bedürfnis zu wecken. Dies geschieht eben dadurch, dass Sie Verbindungen zwischen Tätigkeiten und Zielen neu wahrnehmen. Zum Beispiel dient Ihnen der Besuch eines bestimmten Lehrgangs in der Abendakademie vielleicht nicht nur dazu, „eher wissend als unwissend" – und für den, der weit in die Zukunft blickt: „eher reich als arm" – zu sein. Weitere Bedürfnisse, die Sie dort befriedigt sehen, sind vielleicht:*
>
> ➜ *„gut unterhalten werden" (soll auch bei Lehrgängen und Trainings gelegentlich vorkommen),*
>
> ➜ *„zuversichtlich sein" (immerhin werden hier Ihre Unsicherheiten über die am Ende stehende Prüfung beseitigt) oder*
>
> ➜ *„Insider sein" (denn die Veranstaltung, mit allem, was jeweils abends davor und danach passiert, ist vielleicht eine ganz entscheidende Informationsbörse, in der Sie auch private und berufliche Kontakte pflegen).*
>
> *Ganz ähnlich sieht es mit Ihrem alltäglichen Verhalten wie dem Handygebrauch aus. Wozu kann man Handys nicht alles nutzen? Gut unterhalten werden, wissend und gut informiert, beliebt und anerkannt sein und so weiter.*
>
> *Wohlgemerkt: Dies sind mögliche, keinesfalls zwingende Verbindungen. Vielleicht können Sie aber auf diesem Wege einem Verhalten*

> *neue Facetten abgewinnen, so erhält es neue Anreize. Es kann dadurch aufgewertet werden. Ebenso können Sie vielleicht entdecken, was Ihnen an dem Verhalten vor allem wichtig war, ohne dass Sie es so deutlich gemerkt haben.*

Betrachten wir hierzu noch ein Beispiel aus der Konsumwerbung, das grundsätzliche Zusammenhänge veranschaulicht: Auch wenn wohl zu allen Zeiten der Geschichte Menschen lieber sauber als schmutzig waren, wurde doch die gezielte Unterdrückung von Achselschweiß und seinem Geruch nicht immer als eine Forderung der Sauberkeit angesehen. Die hohe Verfügbarkeit von Deodorants verändert die Sicht und macht dieses Verhalten nun zu einem Bedürfnis für sehr viele Menschen. Dabei dient die Benutzung von Deos mittlerweile aber nicht nur dem Ziel der Sauberkeit. Viele Menschen nutzen es auch in der Absicht, attraktiv zu wirken, manche deuten es vielleicht gar als eine Forderung der Gesundheit.

Damit ist das Verhalten also gleich durch drei Ziele motiviert: Hygiene, Attraktivität und Gesundheit. Diese Verbindungen werden Ihnen vermutlich ganz natürlich vorkommen, gleichwohl wären sie ohne ein gewisses Umdenken wohl nicht so breit akzeptiert. Sie werden sicher Werbung kennen, die das Benutzen von Deos sogar mit noch anderen, weniger offensichtlichen Zielen verbindet, etwa mit bestimmter Aktivität oder Integration in bevorzugte Gruppen oder gar Sportlichkeit und Fitness.

Es lohnt sich also, nach möglichen Verbindungen des Verhaltens mit persönlichen Zielen zu forschen.

Freilich sind solche Verbindungen oft sehr individuell. Der eine sieht vielleicht tatsächlich für sich die Möglichkeit, durch Anwesenheit in der Abendveranstaltung seine beruflichen und privaten Kontakte zu pflegen, der andere sieht eine solche Verbindung nicht und kommt nur zum Lernen; der eine mag den Stil des Dozenten und fühlt sich unterhalten, der andere nicht. Hieran entscheidet sich, womit man sich und andere motivieren kann und womit nicht.

Der Ausgangspunkt dieses Abschnitts, nämlich die offen liegenden Bedürfnisse, ist in der Psychologie noch in eine andere Richtung weiterverfolgt worden.

2.3.2 „In sich hineinschauen" – Introspektion

Vielleicht fragen Sie sich schon, warum ich nicht als Allererstes vorgeschlagen habe, jeden seine eigenen Motive an sich selbst feststellen zu lassen. Immerhin: Ich weiß doch schließlich von mir selbst am besten, wie ich drauf bin und was ich will. Für viele Beispiele mag das gelten, aber trotzdem hat die Selbstauskunft über die eigenen Motive auch gravierende Probleme, zwei wesentliche werden nachfolgend erörtert.

1. Problem: Erinnerung ist immer nur Rekonstruktion

Zum Beispiel besteht die Selbstauskunft in der Regel aus einer Erinnerung oder Rekonstruktion. Man fragt sich selbst ja schließlich kaum: „Warum tue ich das jetzt?", sondern allenfalls: „Warum habe ich das getan?" Die Tatsache der Rückschau an sich ist bereits eine Fehlerquelle. In der Erinnerungssituation habe ich zum Beispiel kaum die Gefühle, die ich in der Situation des Verhaltens hatte und die für meine Motivation vielleicht entscheidend waren. Um meine Motive für ein früheres Verhalten zu beschreiben, muss ich ‚rekonstruieren' und bei diesen Konstruktionsleistungen werden alle Erinnerungslücken mit dem geschlossen, was ich für plausibel halte, aber nicht wirklich weiß. Wie gravierend Verhaltensgründe verdrängt werden können, zeigt ein Experiment mit einer fingierten Marktforschungsstudie, anhand dessen belegt wird, dass Menschen über ihre eigenen inneren Zustände oft keine korrekten Angaben machen können und dass sie die Einflüsse auf ihr eigenes Verhalten häufig nicht durchschauen.

Experiment: Fingierte Marktforschungsstudie (vgl. Nisbett & Wilson, 1977)

Mehrere Versuchspersonen werden aufgefordert, aus einer Reihe von Kleidungsstücken zu wählen. Dabei variiert die Position der Darbietungen – mit dem Ergebnis, dass das am weitesten rechts liegende Kleidungsstück bis zu viermal häufiger gewählt wird als das am weitesten links liegende.

Gleichwohl gibt keine der Versuchspersonen an, dass die Position der Kleidungsstücke bei ihrer Wahl irgendeine Bedeutung gehabt hätte. Auf die entsprechenden Hinweise der Versuchsleiter reagieren die Probanden verständnislos.

Die Probanden von Nisbett und Wilson wurden durch ein Merkmal beeinflusst, das sie nicht für wesentlich hielten und dessen Bedeutung sie nicht einsahen. Als sie daher ihre Produktwahl begründen sollten, ist ihnen die Position der Produkte nicht als relevant eingefallen und wurde also auch nicht in die Begründung aufgenommen.

Interessant ist nun freilich, dass die Probanden die Bedeutung dieses Merkmals auch dann nicht anerkennen wollten, als sie von den Versuchsleitern darauf aufmerksam gemacht wurden. Vielmehr wiederholte sich über eine Reihe von Experimenten immer dasselbe Phänomen:

Im günstigsten Fall räumen die Probanden noch ein, dass vielleicht andere Personen sich durch die Position der Darbietung beeinflussen lassen, weisen aber weit von sich, dass sie selbst diesen Einflüssen erlegen seien. Andere Versuchspersonen lassen sich gar durch keine noch so zwingenden Daten davon überzeugen, dass überhaupt der unterstellte Einfluss wirksam sein könnte.

Die Probanden dieses Experiments, das oben zusammengefasst ist, wurden auf ein Produktwahlverhalten aufmerksam gemacht, das empirisch bestand, ihnen aber unsinnig erschien. Das war ein Grund für sie, diesen Einfluss für die eigene Wahl zurückzuweisen. Stattdessen konstruierten sie eine Erklärung aus Gründen, die normalerweise für eine vernünftige Produktwahl stehen, etwa „überragende Qualität", „gutes Preis-Leistungs-Verhältnis", „persönliches Gefallen". Sie akzeptierten den tatsächlichen Grund für ihr Verhalten nicht.

Eine Erklärung dafür, den Grund für das eigene Verhalten nicht zu akzeptieren, könnte in dem Umstand liegen, dass die Position, an der ein Produkt liegt, nicht eben ein wesentliches Zeichen seiner Qualität ist. Eine Wahl, die sich durch ein derart peripheres Merkmal beeinflussen lässt, musste daher den Versuchspersonen als töricht erscheinen.

2. Problem: Motive, die man nicht gern eingesteht
Anordnung und Präsentation als Grund für die Produktwahl – welcher Konsument hört das gern? Das Experiment führt uns damit zu einem weiteren Grund, aus dem Selbstauskünfte problematisch sind. Es gibt Motive, die man nicht gerne eingesteht – gegenüber anderen schon gar nicht, aber auch oft nicht einmal gegenüber sich selbst. Stellen Sie sich etwa vor, Sie haben eine starke Abneigung gegen eine Kollegin, einen Nachbarn und Ihr Verhalten wird von dieser Abneigung geprägt. Stellen Sie sich weiterhin vor, der/die Betreffende habe Sie in letzter Zeit sehr unterstützt. Unter solchen Umständen kann es durchaus vorkommen, dass Sie sich Ihre Abneigung nicht gerne eingestehen, da Sie ja dann vor anderen und vor sich selbst als undankbar erscheinen würden.

2.3.3 Unbewusste Motive – Blick der Tiefenpsychologie

Wenn Sie sich Ihre Abneigung nicht nur nicht gerne eingestehen, sondern sie selbst gar nicht wahrnehmen, hilft es vielleicht, wenn wir zur psychologischen Schule der Psychoanalyse wechseln, um in der Betrachtung weiterzukommen. Die Psychoanalyse geht davon aus, dass uns viele unserer Wünsche und Bedürfnisse nicht bewusst sind, und zwar deshalb nicht,
- → weil wir sie verdrängt haben,
- → weil sie mit Angst besetzt sind oder
- → weil sie sozial nicht gebilligt würden.

Nicht zähmbar – unbewusste Motive

Bedürfnisse aus psychoanalytischer Sicht

Die Psychoanalyse geht davon aus, dass ein Großteil unserer Bedürfnisse nicht offen geäußert werden kann, dass diese Bedürfnisse aber weiterhin bestehen und wirksam bleiben. Sie äußern sich dann, wenn wir weniger wachsam sind, im Traum, in Fantasien oder in den berühmt gewordenen „Freud'schen Fehlleistungen". Ein Beispiel dafür wäre etwa der Versprecher: „Ich begrüße Sie recht herzlich zur heutigen Konferenz und erkläre die Sitzung für geschlossen." (Beispiel nach Freud, 1991, Orig. 1940) Hier hatte der Redner offenbar den uneingestandenen Wunsch, die Sitzung möge doch nur schon beendet sein, und in einem unbedachten Moment entschlüpft ihm dieser Wunsch in Form eines Versprechers.

Viele Bedürfnisse sind aus psychoanalytischer Sicht gerade deshalb unbewusst, weil man sie sich lieber nicht bewusst machen möchte, etwa weil sie unschicklich oder gar bedrohlich sind. Sie betreffen dann auch nicht nur so harmlose Wünsche wie einen gemütlichen Fernsehabend anstelle einer langweiligen Sitzung. In der Freud'schen Psychoanalyse sind unsere unbewussten Wünsche vor allem sexuell oder aggressiv motiviert. Ersteres steht für unsere konstruktiven, Letzteres für die destruktiven Impulse. Aber selbst wenn Sie die schöpferischen und lebensbejahenden Kräfte der sexuellen Impulse zugestehen, werden Sie sicher leicht einsehen, dass es bei diesen Wünschen genauso viele „unschickliche" und manchmal für die eigene Person auch beängstigende Formen und Ausprägungen gibt wie bei den aggressiven – auch in unserer Zeit, sicher aber mehr noch vor über hundert Jahren im Wien Sigmund Freuds. Sie zuzulassen würde neurotische Angst auslösen.

DAS BEDÜRFNIS BRICHT SICH ABER NACH DER PSYCHOANALYSE IMMER IRGENDWIE BAHN.

Wenn es nicht symbolisch befriedigt wird, wie im Fall der Träume und Versprecher, dann kann es auch einmal zu handgreiflicheren Formen der Bedürfnisbefriedigung kommen. Dies geschieht zum Beispiel in Form der so genannten „Konversion", der „Flucht in die Krankheit": Danach könnte jemand aus Angst vor bestimmten Anforderungen, etwa einer Prüfung, wirklich krank werden – und zwar regelmäßig dann, wenn die Anforderungen anstehen (Comelli & v. Rosenstiel, 1995, S. 19). Die Psychoanalyse würde also auf jeden Fall empfehlen, nicht bewusste Motive zu berücksichtigen, nach ihnen zu forschen und nach Wegen zu suchen, sie doch irgendwie auf eine akzeptable Weise zu befriedigen.

Es wird Sie kaum erstaunen, dass unbewusste Motive nur schwer zu identifizieren sind. Zum Teil ist auch ihr bloßes Vorhandensein schon eine Glaubensfrage. Zwar besteht an der prinzipiellen Möglichkeit einer unbewussten und motivierten Informationsverarbeitung heute kein Zweifel (Kunda, 1990). Allerdings haben unterschiedliche psychologische Denkrichtungen sehr unterschiedliche Vorstellungen von Ursache, Ablauf und praktischer Bedeutung der unbewussten Prozesse. Bei aller Vorsicht kann man zur Identifikation unbewusster Motive Folgendes empfehlen:

→ Achten Sie auch auf das, was Ihnen (und anderen) in unbedachten Momenten „entschlüpft", seien es Versprecher, seien es Träume oder unkonzentrierte Gedanken. Möglicherweise kreisen in diesen Momenten Ihre Gedanken um etwas persönlich Wichtiges.

→ Gehen Sie nicht davon aus, dass Ihre Wünsche und Motive widerspruchsfrei sind. Akzeptieren Sie vielmehr auch komplexe Gefühlsgemische. In der praktischen Folgerung werden Sie dann möglicherweise diese Gemische nach Zweckmäßigkeiten ordnen können und jene Wünsche vernachlässigen, die Sie nicht wirklich weiterbringen.

→ Achten Sie auf spontane Impulse. Die Motive, die sich hierin äußern, sind – je nach Situation – wirksamer, als jene, die sich erst nach längerem Nachdenken melden. Wenn Sie sich einen spontanen Impuls nicht erklären können, dann sollten Sie wissen, dass Sie das Nachdenken von den tatsächlichen Motiven möglicherweise wegführt, anstatt dass es weiterhilft.

→ Suchen Sie nach Möglichkeiten, mit dem zielführenden Verhalten weitere Motive zu befriedigen, an die Sie auf den ersten Blick gar nicht gedacht haben. Auch dies sind nämlich Fälle von „unbewussten" Motiven.

In der Tat ist das ein plausibler Grund, warum ein Motiv nicht bewusst ist: Der Person ist es lieber so, sie hat sozusagen das übergeordnete Meta-Motiv, bestimmte Motive lieber nicht zu haben. Es würde den Rahmen dieses Bandes sprengen, die dahinterliegende Theorie aufzurollen. Ich habe mich daher darauf beschränkt, Ihnen auf der vorangegangenen Doppelseite die Wichtigkeit des Erkennens unbewusster Motive darzulegen und Empfehlungen zu ihrer Identifikation zu geben.

2.3.4   Handlungsfolgen beobachten

Besser als der versuchte Blick in die Tiefe des Seelenlebens funktioniert der Blick auf Äußerlichkeiten und beobachtbare Sachverhalte. Ich meine damit besonders zwei Dinge.

Die Reaktion auf Umweltanreize
Zum einen ist es bedeutsam zu sehen, wie Menschen auf Umweltreize reagieren. Kennen Sie das: Einige Kinder auf dem Nachhauseweg; plötzlich läuft eines los und ruft: „Wer als Erster da ist ..." Dieser Ausruf ist ein direkter Appell ans Leistungsmotiv. Die Kinder, die jetzt mitlaufen, sind leistungsmotiviert, die Kinder, die gemütlich weitergehen, nicht.

> *ALLGEMEIN GESAGT: MOTIVIERTE MENSCHEN REAGIEREN AUF UMWELTANREIZE, UNMOTIVIERTE NICHT. JE STÄRKER DIE MOTIVATION IST, DESTO SCHWÄCHER DARF DER ANREIZ SEIN.*

Zum Beispiel impliziert der Appell „Wer als Erster da ist ..." ja wirklich nichts anderes als die Information, „wer als Erster da ist". Das ist für hoch Leistungsmotivierte genug, um sich ins Zeug zu legen. Niedrig Leistungsmotivierte fordern stärkere Anreize. Sie fragen danach, was denn „da" ist und ob es sich überhaupt lohnt, „da" hinzugehen – und auch noch „als Erster". Die Übertragung des Beispiels auf andere Bereiche des Lebens wird Ihnen sicher nicht schwerfallen.

Aufschlussreich ist auch, was Menschen nach ihrem Verhalten tun. Achten Sie auf die Anschlusshandlungen!

→ Leistungsmotivierte wollen zum Beispiel einen Standard erreichen. Um dies beurteilen zu können, brauchen sie Information über ihre Leistung. Also würden die leistungsmotivierten Kinder nach dem Wettlauf kontrollieren, wer wirklich am schnellsten war. Oder sie würden sich dafür interessieren, ob sie heute schneller waren als gestern.

→ Machtmotivierte würden dagegen eher Wert darauf legen, dass die anderen den Sieg bemerkt haben. Das heißt, die Kinder würden darauf achten, ob alle auch mitgekriegt haben, dass sie die Ersten waren (oder sie würden versuchen, die Niederlage durch anderes statussteigerndes Verhalten auszuwetzen, wenn sie es nicht waren).

→ Anschlussmotivierte würden vielleicht eher gezielt solche Dinge tun, die sie bei anderen sympathisch machen. Zum Beispiel könnten die siegreichen Kinder die Verlierer trösten oder als Verlierer die Sieger bewundern. Oder sie könnten versuchen, den Wettkampf in ein Mannschaftsspiel einmünden zu lassen.

JEDENFALLS ZEIGT DIE FORTSETZUNG EINES VERHALTENS OFT, WELCHES MOTIV KURZ ZUVOR IM VORDERGRUND STAND. DIE FRAGE „WIE WAR ICH?" KANN DAHER ZUM BEISPIEL ZEIGEN, DASS JEMAND DIE VORANGEGANGENE SITUATION ALS ANREIZ FÜR SEIN LEISTUNGSMOTIV ERLEBT HAT.

Beurteilung der Handlungsergebnisse

Der zweite wichtige Faktor neben dem Verhalten auf Umweltreize sind die Handlungsergebnisse. Frei nach dem Bibel-Motto „An ihren Früchten sollt ihr sie erkennen" (Matthäus 7, 16) können wir Menschen nach dem beurteilen, was sie hervorbringen. Wenn der Kommissar zum Beispiel neben dem Mordopfer eine geplünderte Brieftasche findet, dann deutet er dies als einen Hinweis darauf, dass die Tat durch Habgier oder ähnliche Beweggründe motiviert war (siehe v. Rosenstiel, 2001, S. 22ff). Die Übersetzung dieser aus dem Krimi bezogenen Erkenntnis in den Alltag ist schon nicht mehr so leicht. Der Grund ist, dass dasselbe Handlungsergebnis eben mehrere Motive befriedigen kann.

Eine Möglichkeit besteht darin, das engagierte Verhalten etwas genauer zu analysieren: Wer sich zum Beispiel in der Arbeitsgruppe oder Familie engagiert, könnte dies tun, indem er die Leitung an sich zieht (Machtmotiv), die Aufgaben betont (Leistungsmotiv) oder versucht, die Kommunikation voranzutreiben, bei Widersprüchen zu glätten und sich konfliktlösend zu betätigen (Anschlussmotiv).

Eine andere Möglichkeit ist zu schauen, was passiert, wenn bestimmte Aspekte des motivierten Verhaltens wegfallen.

→ **Aufgabe**

Überlegen Sie: Was muss passieren, damit Ihre Motivation in sich zusammenbricht? Was müssen Sie hierzu an der Situation ändern?

2.3.5 Körperreaktionen

Motivieren kann uns nur etwas, was uns „nicht kaltlässt". Insofern ist es sinnvoll, auch die Physiologie in die Betrachtung aufzunehmen. Wenn uns das Herz schneller schlägt, wenn sich die Pupillen weiten oder Schweiß austritt, dann sind das Zeichen körperlicher Erregung. Körperreaktionen bilden die „Begleitmusik" zu den eigentlich interessanten motivierten Prozessen. Fehlen solche Reaktionen, dann muss man befürchten, dass im gegebenen Moment die Motivation doch nicht so sehr hoch war.

Allerdings kann man umgekehrt aus dem Vorliegen von Körperreaktionen nicht auf Motivation schließen, denn außer die „Begleitmusik" zu unseren psychischen Vorgängen zu spielen, hat der Körper noch eine Reihe von anderen Funktionen, die sich nach außen oft in ziemlich ähnlicher Form zeigen.

Der besondere Vorteil der physiologischen Reaktionen liegt darin, dass wir sie in der Regel nicht kontrollieren können. So kann man zum Beispiel von sich behaupten, dass man dieses oder jenes gerne macht, wenn aber jeglicher Hinweis auf eine körperliche Aktivierung bei der Tätigkeit ausbleibt, dann kann dies die Behauptung als Vortäuschung entlarven. (Zur Kontrollierbarkeit gibt es allerdings einige wichtige Ausnahmen, auf die ich weiter unten noch zu sprechen kommen möchte.)

2.3.6   Tagträume beobachten und Visionen entwickeln

Um an der eigenen Person herauszufinden, wo das motivierende Potenzial liegt, schlagen Comelli und von Rosenstiel (1995, S. 47) vor, zunächst einmal die eigenen täglichen Fantasien und Tagträume zu beobachten.
  Um welche Dinge kreisen die alltäglichen Fantasien? Welche Themen kommen darin vor?

- → Leistung und Erfolg?
- → Reichtum und Macht?
- → Familie und Geborgenheit?
- → Liebe, Sex und Leidenschaft?
- → Bequemlichkeit und Komfort?
- → Unterhaltung und Zerstreuung?

Unsere Fantasien sind ein Hinweis auf das, was uns motiviert. Haben wir auf diese Weise einige Themen gefunden, können wir uns dies zunutze machen: Wir können manche dieser Inhalte systematisch einsetzen, um uns selbst zu motivieren.

Unsere Tagträume kreisen oft um Leistung und Erfolg – gerade dazu können sie uns deshalb motivieren.

Allerdings lassen sich nicht alle Dinge gleichermaßen leicht vor den Karren der Leistung spannen. Zum Beispiel haben wir sicher auch zuweilen ein Motiv, Anstrengung zu vermeiden. Dieses „Anstrengungsvermeidungsmotiv" (in der Alltagssprache unter dem Namen „Faulheit" bekannt) ist wohl eher unverträglich mit dem Ziel der Leistung. Der Wunsch nach Erfolg oder Anerkennung dagegen passt bestens.

Je nach Thema kann man nun also versuchen, durch systematischen Gedankenstopp die weniger leistungsorientierten Inhalte zu reduzieren und die Leistungsfantasien zu fördern. Das sind mehrere Schritte (Comelli & v. Rosenstiel, 1995, S. 47f):

→ Wir sollten uns daran gewöhnen, von Anstrengung und Mühe, aber auch von Leistung und Erfolg zu träumen.
Zugegeben klingen diese „Träume" nicht besonders prickelnd. Sie sollen auch nicht die dominierenden werden – sie sollen aber, wo sie vorkommen, verstärkt werden.

→ Diese Fantasien sollten auf unseren eigenen Lebens- und Karriereweg bezogen werden.
Die Träume sollen sich nicht an irgendeinem fremden Ort ereignen, sondern in unserem Leben und in dem Rahmen, der uns realistisch erreichbar ist.

→ Es sollten sich immer mehr, immer konkretere Anweisungen daraus ableiten lassen.
Wir sollten dadurch deutlich machen, dass es nicht bei der Fantasie bleiben wird.

→ Die Verbindlichkeit der Ziele sollte steigen.
Hierzu gibt es sinnvolle Methoden, auf die ich im Folgenden noch eingehen werde.

→ Am Ende steht immer die Belohnung. Ist ein Ziel erreicht, dann sollte die Belohnung nicht ausbleiben. Belohnungen gehören zu den wirksamsten Motivatoren – auch wenn man sie sich selbst verabreicht.

2.4   Embodiment

Wenn Sie Ihren Fantasien nachspüren, können Sie sich dabei ein hilfreiches psychologisches Phänomen zunutze machen. Ihre Körperreaktionen und Körperhaltungen hängen nämlich eng mit Ihren Gefühlen und Gedanken zusammen.

Zum Beispiel aktiviert der bloße Gedanke an eine Handlung bereits die zugehörigen Muskelpartien, unabhängig davon, ob es zur Ausführung kommt. Der Gedanke an eine Person oder einen Gegenstand, mit dem Sie Emotionen verbinden (z.B. Baby oder Kakerlake), löst unter anderem Aktivation in den Gesichtsmuskeln aus, die für den Ausdruck von Emotionen gebraucht werden. Die Wirkrichtung kann man aber auch umdrehen, sodass nicht etwa die Gedanken den Körper, sondern der Körper die Gedanken beeinflusst.

Dieses Phänomen ist Ihnen vielleicht vertraut, wenn Sie z.B. einmal Theater gespielt haben. Um überzeugend traurig zu wirken, hilft es enorm, die Mundwinkel herabzuziehen, die Stirn zu runzeln und so weiter. Hierbei stellt sich nicht nur für den Zuschauer der Eindruck ein, Sie könnten traurig sein. Auch Sie selbst neigen dabei sehr viel eher zu traurigen Gedanken, die Stimmung trübt sich ein – und über diese Rückkopplungsschleife verstärkt sich wieder die Authentizität Ihres Gesichtsausdrucks.

Strack, Martin und Stepper (1988) ließen ihre Versuchspersonen Trickfilme danach bewerten, wie lustig sie sie fanden. Währenddessen sollten die Personen einen Stift im Mund halten. Ein Teil der Versuchspersonen war instruiert, den Stift zwischen den Lippen zu halten. Auf diese Weise aktivierten sie die Gesichtsmuskeln *depressor* und *orbicularis oris*, die gewöhnlich eher bei einem traurigen Gesichtsausdruck angespannt sind. Die andere Gruppe der Versuchspersonen sollte den Stift zwischen den Zähnen halten, wobei ein künstliches Grinsen – unter Anspannung des *musculus zygomaticus major* – entstand (Abbildung unten). Eine Kontrollgruppe sollte den Stift während des Films in der Hand halten. Es zeigte sich, dass die Probandengruppe, die die Cartoons mit einem künstlichen Grinsen sah, eine lustigere Einschätzung abgab als die Probanden, die den Stift zwischen den Lippen bzw. in der Hand hielten.

Unterschiedliche Aktivation der Gesichtsmuskeln kann zu unterschiedlichen affektiven Zuständen führen (Strack, Martin & Stepper, 1988), vgl. Experimentbeschreibung.

Dieses Phänomen ist in den letzten Jahren unter dem Begriff „Embodiment" erforscht worden (z.B. Niedenthal, 2007). Für Sie sind die Phänomene des Embodiment in zweifacher Hinsicht bedeutsam:

→ **Aufgabe**

Nutzen Sie die Phänomene des Embodiment, um Ihre Stimmung zu regulieren. Positive Stimmung ist einer der wichtigsten Bausteine der Motivation.

Nutzen Sie das Embodiment aber auch dazu, um Ihre Gedanken zu kontrollieren. Mimik, Gestik und Körperhaltung können Ihnen helfen, Ihre weniger bewussten Motive und Neigungen zu identifizie-

ren (Damasio, 2001, zit. n. Müller & Braun, 2009, S. 80). Durch Ihre Körperhaltung und Mimik können Sie Einfluss darauf nehmen, in welcher Stimmung Sie Ihre Fantasie spielen lassen, und dies wiederum filtert Ihre Gedanken in eine Richtung, die zur Stimmung passt.

Haben Sie es bemerkt? Der Ausgangspunkt dieser Kette von Handlungsanweisungen ist die Selbstbeobachtung, aber am Ende stehen Ziele und eine verhaltenspsychologische Maßregel (Verstärkung, Belohnung). Sie können in vielfältiger Weise in der Literatur darüber nachlesen, wie man Visionen (im Sinne weit gesteckter Ziele) und Lebenspläne entwickelt. Der Haken dabei ist immer: Wenn Sie Ihre Motive vernachlässigen oder gar nicht kennen, entgeht Ihnen ein entscheidender Faktor Ihrer Persönlichkeitsdisposition.

ERFOLG VERSPRECHENDES SELBSTMANAGEMENT KOMMT DESHALB NICHT UMHIN, DIE EIGENEN MOTIVE ZU ERKENNEN UND DAS, WAS EINEM PERSÖNLICH IM WEG STEHT, IN DIE RICHTUNG DER KOGNITIV GESETZTEN ZIELE ZU LENKEN.

2.5 Motive bei anderen erkennen

In der Stadt, in der ich studiert habe, gab es in einem der Supermärkte an der Fleischtheke den besten Verkäufer, dem ich je begegnet bin. Dieser Mann war ein Phänomen: Jedem Kunden gab er das Gefühl, dass er sich genau dessen Wunsch zu eigen machte. Er hörte sich kurz an, was die Kunden zubereiten wollten, und hatte sofort eine Idee, was er ihnen anbieten sollte. Dabei machte er auch auf Sonderangebote aufmerksam und – eine kleine Investition mit enormer Wirkung – schnitt immer vor dem Abwiegen überflüssiges Fett vom Fleisch ab. Er war dabei enorm effizient: Er grübelte zum Beispiel nicht lange, was denn jetzt am besten zum geplanten Rezept passen könnte. Er machte auch nicht zu lange „Small Talk".

Allerdings sagte er allen Kunden, was für ein schönes Stück er jetzt gerade für sie persönlich heraussuchte. Dabei strahlte er eine derart unschuldige Begeisterung aus, dass niemand jemals auf die Idee kam, sein Verhalten sei eine berechnete Strategie. Seine Freude an der Arbeit war ansteckend – man hatte beim Weggehen nicht nur das Gefühl, gute Ware gekauft zu haben, man hatte gute Laune. Manchmal konnte ich beobachten, dass die Kunden darauf achteten, ob er oder eine andere Bedienung gerade an der Reihe waren, um dann den günstigen Moment zu erwischen, zu dem er gerade frei war. Ich selbst jedenfalls habe das oft so gemacht.

Normalerweise unterhält man sich nicht über die Verkäufer in Supermärkten, aber dieser Mann war auch unter Kollegen und Kommilitonen ein Gesprächsthema. Ohne viel über ihn und sein Geschäft zu wissen, waren wir uns alle einig, dass er wohl als der beste Mitarbeiter der Mannschaft gelten müsse und daher seine Verdienste nicht ohne Folgen für ihn bleiben würden. So waren wir auch, als er irgendwann nicht mehr anzutreffen war, alle der Meinung, er müsse wohl befördert worden sein.

Hier hört die Geschichte auf, aber ...

... schon damals fragte ich mich, ob diesem Verkäufer denn wohl die Beförderung gefallen hat? Auf die Kunden hatte er den Eindruck gemacht, als sei für ihn das Fleischerhandwerk eine Berufung, eine wunderschöne Sache, sein Element. Was wird dann aus ihm, wenn er in Zukunft nicht mehr mit der Ware und den Kunden, sondern mit der Leitung einer Filiale oder anderen Führungsaufgaben befasst ist?

Wenn ein solcher Mitarbeiter befördert wird, dann geschieht das nicht zuletzt darum, seine hohe Motivation zu honorieren und sie durch Belohnung und Anerkennung noch zu steigern. Wenn ihm diese Anerkennung auch etwas bedeutet, wenn er daran seine eigene Leistungsfähigkeit ablesen kann, ist das für sich genommen ja auch korrekt.

Es kann aber sein, dass die neue Situation plötzlich nicht mehr die Anreize bietet, die sein Motiv eigentlich braucht. Hier setzt eine Rückkopplung ein: Die Konsequenz aus dem Verhalten – hier die Beförderung – ist eine neue Situation, und die Reaktion auf diese neue Situation zeigt uns möglicherweise erst, welches Motiv in der vorherigen Situation wirksam war. Wenn unser Fleischverkäufer als Manager weniger Elan zeigt, dann deutet das darauf, dass ihn zuvor wohl die Arbeit mit der Ware und den Kunden motiviert hat. Dann passt die neue Tätigkeit vielleicht nicht so gut zu ihm.

Sicher ist es sehr unbefriedigend, erst nach den Verhaltenskonsequenzen zu erfahren, welche Motive der Betreffende hatte, zumal wenn man dabei riskiert, die Stärken des besten Mannes oder der besten Frau aus dem Team zu vergeuden.

Erfinden wir also für unseren Fleischverkäufer einen Motivationstest, den wir ihm noch während seiner Tätigkeit hinter der Fleischtheke hätten vorlegen können und der uns vielleicht schon früher zeigt, was für ihn persönlich das Wichtige an der Arbeit ist.

Zum Beispiel könnten wir für jedes der drei Hauptmotive eine Aussage formulieren, die von einem entsprechend motivierten Verkäufer stammen könnte. Diese Aussagen soll dann unser Fleischverkäufer in eine Rangreihe bringen, sodass die Aussage, mit der er sich am besten identifizieren kann, an erster Stelle steht.

Ordnen wir die Aussagen drei Personen A, B und C zu. Dann könnten sie folgendermaßen aussehen:

A „Verkaufen ist etwas, bei dem man immer sieht, was man gemacht hat. Den Erfolg kann man am selben Tag noch feststellen. Wenn es gut läuft, macht mich das zufrieden. Wenn es schlecht läuft, weiß ich, dass ich dazu beitragen kann, dass es besser wird. Das ist es, was Spaß macht."

B „Beim Verkaufen hat man immer mit Leuten zu tun. Ich sitze nicht in einem Büro, sondern bin direkt beim Kunden. Und die meisten sind auch sehr nett. Ich versuche, deren Probleme zu lösen und dabei lerne ich etwas von deren Leben kennen. Wenn ich ihnen etwas Gutes verkauft habe und es noch ein nettes Gespräch gab, habe ich sogar manchmal das Gefühl, dass mich die Leute mögen. Das ist dann schon ein schönes Gefühl."

C „Bei dem, was ich verkaufe, kenne ich mich naturgemäß ziemlich gut aus. Die meisten Kunden haben einfach nicht das nötige ‚Know-how‘, um ihr Problem zu lösen. Da springe ich dann ein: Ich höre mir an, was die Leute machen wollen, und mache dann Vorschläge. Ich stelle da meinen Wissens- und Erfahrungsschatz in den Dienst des Kunden. Das Schöne daran ist eben das Gefühl, dass meine Erfahrungen anderen nützen."

Jede dieser Stellungnahmen stellt eines der drei Hauptmotive in den Mittelpunkt:

→ A richtet seinen Blick auf den Leistungsstandard: Ihm bedeutet es viel, aus eigener Anstrengung etwas zu erreichen.

→ B sind die Menschen wichtig – nicht ganz nebensächlich ist für ihn offenbar auch, bei den anderen beliebt zu sein.

→ C schließlich sieht besonders seine Qualifikation in einer gewissen Überlegenheit anderen gegenüber, die er aber in den Dienst der Kunden stellt. Dies ist eine Illustration des Machtmotivs in der verantwortungsvollen Variante.

Welche Rangordnung würde unser Fleischverkäufer wohl vornehmen?
So, wie ich ihn beschrieben habe, fühlt er sich vielleicht am ehesten noch als Ratgeber und sieht vor allem seine Aufgabe in der Unterstützung der Kunden. So, wie er manchmal sein Angebot erklärt hat, wirkte es fast schon wie ein „Geheimwissen". Insofern kann es sehr gut sein, dass er uns mit dem Gefühl bedient hat: „Der Kunde hat ein Problem und ich bin in der Lage, es zu lösen." Und diese Überlegung zeigt das Machtmotiv in seiner sympathischsten und konstruktivsten Form.

Auch ein hohes Anschlussmotiv können wir vermuten – dagegen spricht allerdings, dass er eigentlich bei aller Freundlichkeit immer sachlich blieb und auch beim Small Talk nie besonders weit ging. Entscheidend ist die Frage, was ihm wichtiger war: Dass die Kunden ihn mögen und sympathisch finden oder dass sie seine Expertise schätzen? Auch Leistung dürfte ihm etwas bedeutet haben. Eine sehr aggressive Verkaufsstrategie konnte man jedoch nie an ihm beobachten. Zum Beispiel hat er die Kunden nicht routinemäßig auf Sonderangebote aufmerksam gemacht, die nichts mit ihren Wünschen zu tun hatten, noch hat er sie dazu aufgefordert, sich von einer besonders günstigen Ware Vorräte anzulegen.

Nach diesem Informationsstand könnte man erwarten, dass unser Fleischverkäufer die Rangreihe C, B, A bildet. In diesem Fall dürfte er vielleicht doch einen gewissen Draht zu Führungsaufgaben haben, denn schließlich hat er auch beim Umgang mit den Kunden einen Führungsaspekt in den Mittelpunkt gestellt. Insofern könnte es natürlich auch sein, dass er im Management mit eben derselben Begeisterung nun Mitarbeitern seine Erfahrungen weitergegeben hat. Es wäre sicher interessant zu sehen, wie er sich wirklich entschieden hätte.

Erkundung von Motiven in der Praxis

Zu unserem „Test" noch ein paar Worte: Der Test ist natürlich nur eine Ad-hoc-Erfindung. Sie werden sehen, dass es auch Alternativen gibt. Der Vorteil dieses erfundenen Tests liegt vor allem darin, dass er aus theoretischen Überlegungen abgeleitet ist und sich zudem auch noch leicht an andere theoretische Annahmen anpassen lässt. Sie brauchen nur zu anderen Motiven, die Ihnen plausibel erscheinen, entsprechende Aussagen zu formulieren.

Ein weiterer Vorteil liegt darin, dass er den Befragten einen „Stoff" bietet, über den sie reden, den sie kommentieren können. Einfach so, ohne jeden Aufhänger über die eigene Motivation zu sprechen, ist meist schwieriger, als die Motivation anderer Menschen, hier die von drei fiktiven Personen A, B und C, zu kommentieren.

Ein beträchtlicher Nachteil ist natürlich, dass der „Test" nur aus einer einzigen Messung besteht. Das sollte Ihnen in der Praxis nicht genügen.

SIE SOLLTEN EIN GANZES ENSEMBLE VON ARGUMENTEN ANSTREBEN UND IHRE SCHLUSS-FOLGERUNGEN ERST ZIEHEN, WENN MEHRERE BEFUNDE IN DIE GLEICHE RICHTUNG DEUTEN.

Bei einem solchen Vorgehen wie dem genannten „Test" kann auch nur das herauskommen, was wir hineingetan haben. Zum Beispiel enthält unsere Vorgabe nur die verantwortungsvolle Variante des Machtmotivs und überhaupt beschränkt er sich ja auf die großen Drei.

Zudem ist die Bildung einer Rangreihe nur eine von mehreren Möglichkeiten. Genauso gut könnte man eine Person bitten, die einzelnen Aspekte auf einer Skala nach ihrer Wichtigkeit zu bewerten. Bei diesem Vorgehen könnte man dann zum Beispiel sehen, ob Aussage B ganz dicht hinter C kommt, sodass beide Aspekte fast gleich wichtig sind, oder ob C einsam an der Spitze steht und B und A nur geringe Bewertungen erhalten. Allerdings ermöglicht die Einschätzung auf einer Skala den Befragten immer, dass sie sich um eine Entscheidung zwischen den drei Aspekten herumdrücken, indem sie alles wichtig finden bzw. allen Vorgaben den gleichen Wert zuweisen. Oft ist es wesentlich informativer, wenn Personen zu Entscheidungen „gezwungen" werden.

Wir werden weiter unten noch weitere Übungen formulieren, die Sie einsetzen können, auch in diesem Sinne ist der „Test" nicht allzu hoch zu bewerten. Zunächst aber wird es um weitere Strategien gehen, mit deren Hilfe Sie hoffentlich Ihre Motive identifizieren können.

→ **Auf den Punkt gebracht:**

- ✓ Motive sind eng mit Einstellungen verwandt, beide können sich in Motivation manifestieren. Einstellungen sind dauerhaft und beziehen sich auf konkrete Gegenstände, Motive brauchen den Mangel und können durch Unterschiedliches befriedigt werden.

- ✓ Die Anzahl möglicher Motive ist nicht begrenzt. Eine zugegeben vergröbernde Kategorisierung unterscheidet die Motive Leistung, Macht und Anschluss.

- ✓ Diese großen Drei schließen einander nicht aus – grundsätzlich kann jeder über alle verfügen.

- ✓ Was zunächst paradox erscheint, klärt sich rasch auf: Hohe Motivausprägung führt nicht zwangsläufig zu entsprechendem Verhalten. Es muss zwischen Hoffnung auf Erfolg und Angst vor Misserfolg vermittelt werden.

- ✓ Motive sind nicht immer sofort erkennbar. Unbewusste Motive offenbaren sich jedoch nicht in bewusstem und reflektiertem Verhalten, wie etwa der Antwort auf die Frage: „Warum tust du das?" Erfolgversprechender ist die Beobachtung von spontanem, automatischem und unwillkürlichem Verhalten wie Tagträumen, Fantasien oder spontanen Reaktionen. Zur Ermittlung von Motiven ist es immer nützlich, auf äußere Indikatoren zu achten. Auf welche Umweltreize reagieren Sie? Welche Handlungsergebnisse erbringen Sie? Wie reagieren Sie auf Veränderungen in Ihrer Umwelt?

→ **Praxisanwendung**

Folgende Leitfragen helfen Ihnen, Transparenz über die Wechselwirkung Ihrer „Motivation" mit der Ihrer Umwelt zu erhalten und die daraus entstehenden Konfliktfelder zu minimieren:

1. *Welche Auswirkungen hat die Befriedigung Ihrer Motive auf Ihre unmittelbare Umwelt in dieser Situation? Wie reagiert Ihre Umwelt?*

2. *Schätzen Sie je eine Person aus folgendem Umfeld bezüglich ihrer Hauptmotivation ein:*

   ▶ *Arbeitsplatz*

   ▶ *Soziales Umfeld*

   ▶ *Familie*

3. *Überlegen Sie nun, wo Sie selbst gegebenenfalls durch Ihre unterschiedlichen oder auch identischen Motive in der Kommunikation und Interaktion mit diesen Personen …*

   ▶ *in einen Konflikt, in ein häufiges „Missverstehen" oder in eine Konkurrenz kommen*

   ▶ *oder in ein reibungsloses Miteinander kommen oder sich besonders verstanden fühlen.*

4. *Versuchen Sie nun, ganz gezielt die Perspektive und Sichtweise des anderen zu übernehmen und so mehr Verständnis zu erlangen.*

2.6   Übungen zur Selbstbeobachtung

Aus den genannten Punkten lassen sich Übungen ableiten, die Sie zur Selbstbeobachtung nutzen sollten. Achten Sie über einige Tage auf die folgenden Dinge:

→ **Aufgabe**

Wovon erzählen Sie Ihrem Partner am Abend, wenn Sie über den Tag sprechen? Was spielt in diesen Erzählungen eine Rolle? Achten Sie darauf, was in diesen Erzählungen vorkommt: Menschen und ihre Beziehungen zueinander und zu Ihnen? Aufgaben und ihre Erledigung? Einfluss und Prestige? Die Erzählungen können einen Hin-

weis darauf geben, welche Rolle Leistung, Anschluss oder Macht bei Ihnen spielen.

Die folgende Tabelle fasst einige typische Begriffe und Inhalte zusammen, die Ihnen dabei auffallen könnten (siehe hierzu auch Smith, 1992). Dabei ist es übrigens nicht so wichtig, ob Sie diese Themen und Begriffe in Bezug auf sich oder auf eine andere Person verwenden. Dass es überhaupt in den Erzählungen eines Menschen eine Rolle spielt, ob irgendein anderer berühmt und reich ist, deutet schon auf eine höhere Wertigkeit dieser (Macht-)Themen als bei einem anderen, in dessen Erzählungen eher eine Rolle spielt, ob jemand nett und beliebt ist.

Leistung	Macht	Anschluss
Bedürfnis nach Leistung, Messen an einem Standard: etwas leisten (entwickeln, erfinden) wollen, sich etwas beweisen wollen (es „wissen" wollen), zeigen, dass man es „draufhat", sich verbessern, sehen, was schon geschafft ist	Hierarchien, Prestige: Chef, Mitarbeiter, Ruhm, Star, Anerkennung, berühmt sein, reich sein, Geld	Bedürfnis nach Anschluss: beliebt und akzeptiert sein, entschuldigen, Harmonie, Nähe, Freundschaft
Erwartung von Erfolg oder Misserfolg: sicher, auf dem richtigen Weg zu sein, Ziel, Durchbruch, Scheitern, Rückschlag, Erfolg, Ansporn	Konflikt, Wettbewerb, Auseinandersetzung: siegen, Kraft, Stärke, Streit, eins auswischen	Formen des Anschlusses: Gruppe, Kollektiv, Clique, Kollegen, Team, Freunde, Partnerschaft, zufällige Begegnungen
leistungsbezogenes Verhalten: sich anstrengen, zupacken, sich nicht entmutigen lassen	machtbezogenes Verhalten: führen, anweisen, Kontrolle ausüben, folgen, sich weigern, widerstreben, beraten, bestehen oder durchfallen lassen	anschlussbezogenes Verhalten: sich treffen, wiedersehen, alles zusammen machen, dazugehören (auch: dazukommen, integriert werden), sich sehnen, heiraten, gut mit jemandem auskommen

leistungsbezogene Emotionen: Stolz (auf selbst er-brachte Leistung), Be-schämung (z.B. we-gen zu geringer Anstrengung)	Machtver-lust, frustriertes Geltungsbedürfnis: missgönnen, Kontrol-le verlieren, ausgelie-fert sein, Scham	anschlussbezogene Emotionen: Zärtlichkeit, Zunei-gung, Wärme, Mit-leid, Vertrauen

Diese Übung hat einen kleinen Haken: Sie verlangt von Ihnen, dass Sie sich selbst dabei beobachten, wie Sie relativ unkontrolliert und ohne viel nachzudenken sich selbst beobachten. Das ist sicher nicht einfach. Vielleicht werden Sie erst einmal viel zu sehr auf das achten, was Sie sagen, sodass es gar nicht mehr spontan kommt.

Hier gibt es mehrere Möglichkeiten: Sie können zum Beispiel Dinge betrachten, die Sie zu einem früheren Zeitpunkt bereits gesagt haben, zum Beispiel Briefe oder Mails von früher. Oder jemand anders achtet auf das, was Sie spontan sagen. Vielleicht möchten Sie aufnehmen, was Sie sagen, und sich das später anhören. Aber um einen groben Eindruck zu bekommen, reicht es oft schon aus, für die unterschiedlichen Begriffe sensibilisiert zu sein. Tatsächlich werden Sie sich nicht dauernd überwachen, das ist viel zu anstrengend und viel zu lästig. Insofern werden Sie vermutlich mit und ohne diese Beobachtungshaltung sehr ähnliche Dinge sagen. Und die bevorzugten Themen werden Sie dann vermutlich auch bald heraushören.

→ Aufgabe

Die zweite Übung könnte in einem Gedankenspiel bestehen. Sie sollten sich möglichst bildhaft ausmalen, was Ihnen eine bestimmte Tätigkeit oder eine bestimmte Umgebung bedeutet. Dabei kann diese Überlegung durchaus auch hypothetisch sein: Sie stellen sich vor, wie es wäre, wenn ...

Vielleicht spricht es Sie an, andere zu führen und zu leiten, Ihre Kenntnisse und Fertigkeiten an andere weiterzugeben, den „Lehrer" oder die „große Schwester" zu spielen und Verantwortung zu übernehmen. Diese Vorstellungen bieten Anreize für das Machtmotiv.

Stellen Sie sich vielleicht auch folgende Situation vor: Jemand versucht verzweifelt, etwas am Computer zu lösen, und Sie kennen die Lösung – wie lange dauert es wohl, bis Sie ihm zu Hilfe kommen? Oder jemand steht in Ihrem Heimatort ziemlich verwirrt mit dem

Stadtplan. Würde es Ihnen Freude machen, ihm den Weg zu erklä-
ren? Stellen Sie sich vor, es wäre ein Tourist: Hätten Sie Lust, ihm noch
weitere Tipps zu geben?

Sie sollten sich natürlich am besten selbst noch andere Szenarien
ausdenken, die besser zu Ihrer Situation passen. Aber Ihre Reaktio-
nen auf diese Vorstellungen zeigen, wie stark Ihr Machtmotiv aus-
geprägt ist.

Inwieweit Ihr Anschlussmotiv ansprechbar ist, können Sie durch fol-
gendes Gedankenexperiment prüfen:

? *Was tun Sie alles, um sicherzustellen, dass andere Sie auch mö-*
gen und dass Sie beliebt sind?

? *Was würden Sie eventuell in Kauf nehmen, um die Beziehung zu*
anderen nicht zu gefährden?

? *Wie viel Zeit stecken Sie in Ihre Freundschaften und Beziehungen*
in Form von Telefon und Mails?

? *Wie geht es Ihnen, wenn Sie einen freundlichen Brief erhalten –*
kann Sie dieser Brief über längere Zeit, wenigstens für den Rest
des Tages, in gute Laune versetzen? Haben Sie beim Lesen auch
das angenehme Körpergefühl von Wärme und Nähe – obwohl
niemand anders da ist?

Dass das Leistungsmotiv schon durch den Satz „Wer als Erster da ist"
angestachelt werden kann, haben wir oben schon gesagt. Wie ist es
nun mit Ihnen, könnten Sie sich vorstellen, dass Sie bei den Kindern
sind, die mitlaufen?

Stellen Sie sich vor, Sie stellen fest, dass Sie im letzten Jahr die Steuer-
erklärung zwei Wochen früher fertig hatten als vorletztes Jahr. Ha-
ben Sie dann auch den Impuls zu schauen, ob Sie es dieses Jahr nicht
noch früher schaffen können? Generell: Wenn Sie irgendwo einen
Leistungsstandard und Bewertungsmaßstab sehen: Werden Sie
nicht neugierig, wo Sie sich relativ zu diesem Maßstab wiederfin-
den? Wissen Sie zum Beispiel, dass es für jede Altersgruppe und jede
Disziplin einen bestimmten Leistungsstandard gibt, den Sie errei-
chen müssen, um das Deutsche Sportabzeichen zu erhalten? Wenn
Sie ein Mann und um die 20 Jahre alt sind, sollten Sie die 100 Meter
in 13,6 Sekunden laufen. Wenn Sie eine Frau und um die 55 Jahre alt
sind, sollten Sie nicht langsamer sein als 22 Sekunden. Solche Zahlen
gibt es auch für andere Disziplinen, Hoch- oder Weitsprung,
Schwimmen oder Schlagball-Weitwurf. Und, macht es Sie neugierig,
ob Sie in allen Disziplinen noch die Standards erreichen?

Wieder eine andere Idee: Wären Sie bereit, sich von einer Arbeitsstelle, mit der Sie eigentlich zufrieden sind, noch einmal wegzubewerben, einfach, weil Sie wissen wollen, ob Sie auch diese andere Tätigkeit draufhaben, ob Sie in der Konkurrenz der Bewerber bestehen würden?

Ich hoffe, diese Vorschläge zeigen deutlich genug die Richtung, in die die Gedanken und Fantasien gehen sollen. Tatsächlich kommt es natürlich nur auf diese Richtung an, nicht auf die konkreten Inhalte, die für Sie ja ganz individuelle sein könnten.

AM BESTEN ALSO BEOBACHTEN SIE SICH SELBST BEIM AUSSPINNEN DIESER GEDANKEN UND STELLEN FEST, WELCHES GESPINST IHNEN GEFÜHLE ENTLOCKT UND WELCHES SIE EHER KALTLÄSST.

Und noch einmal: Es ist durchaus denkbar, dass Sie auf allen Kanälen gleichzeitig ansprechbar sind, die Motive schließen einander nicht aus, man kann alle drei gleichzeitig haben.

2.7 Selbsttest

Beantworten Sie sich die folgenden Fragen:

	Ja	Nein
? *Sie kennen nun Ihre Hauptmotive, aus denen heraus Sie oft/bevorzugt handeln?*	O	O
? *Ihnen sind Ihre Motive im Alltag transparent und bewusst?*	O	O
? *Sie kennen Ihre Reaktion auf Umweltanreize?*	O	O
? *Sie konnten bereits einiger Ihrer unbewussten Motive identifizieren oder benennen?*	O	O
? *Sie bemerken nicht nur Ihre Annährungstendenzen, sondern sind sich auch Ihrer Vermeidungstendenzen bewusst?*	O	O
? *Sie kennen die Themen Ihrer „Tagträume"?*	O	O

	Ja	Nein
? *Sie wissen, welche Motive und Bedürfnisse Ihre Vorstellungen, Ziele und Visionen lenken und beeinflussen?*	○	○

Sie haben überwiegend mit „Nein" geantwortet:

Im Kapitel „Motive" finden Sie zahlreiche Anregungen und Übungen zur Selbstreflexion. Eine wichtige Grundlage zur praktischen „Selbstmotivation" ist es, seine Bedürfnisse und Handlungsmotive zu kennen und dafür Sorge zu tragen, diese zu befriedigen. Nicht immer ist dies im Berufsalltag möglich. Daher ist es besonders wichtig, Situationen zu schaffen (z.B. im sozialen Kontext, im ehrenamtlichen oder im sportlichen Bereich), in denen Motive befriedigt werden können.

Sie haben überwiegend mit „Ja" geantwortet:

Sie sind sich Ihrer Motive bewusst und können gut reflektieren, durch welche Anreize Sie sich zum „Handeln" oder auch zur „Vermeidung" gefordert fühlen. Nun gilt es, dieses Wissen bzw. diese Selbsterkenntnis im Alltag zu nutzen.

→ Für die innere Zufriedenheit und Ausgeglichenheit: Erstellen Sie einen „Drei-Punkte-Plan", in dem Sie sozusagen „Erste-Hilfe"-Maßnahmen/Tätigkeiten definieren, die Sie anwenden können, um Ihre bereits identifizierten Motive zu befriedigen. Gegebenenfalls können Sie sich Aktionsräume und Handlungsfelder im Alltag schaffen, die Ihnen regelmäßig die entsprechende Bedürfnisbefriedigung verschaffen.

Beispiel: Im Berufsalltag haben Sie kaum Entscheidungsspielraum und können daher nur selten Ihr Macht-Motiv befriedigen. Durch die Übernahme des Vorsitzes des Turnvereins haben Sie im ehrenamtlichen Bereich nun die Möglichkeit, Entscheidungen zu treffen. Durch die regelmäßige Leitung von Vorstandssitzungen haben Sie diese Maßnahme fest in Ihren Alltag integriert.

→ Für die Kommunikation und Interaktion mit anderen: Das Wissen, dass gleiches Verhalten nicht immer ein gleiches Motiv voraussetzt, wird Ihnen eine andere Form der Perspektivübernahme in der Kommunikation ermöglichen. Wenn Sie Mitarbeiter, Kollegen oder auch Freunde zu (gemeinsamen) Aktionen bewegen wollen, können Sie nun gezielt auf deren Motive eingehen.

Überlegen Sie daher, welche Motive Ihr Umfeld antreiben, und versuchen Sie, Ihre Kommunikation und Interaktion entsprechend anzupassen. Bedenken Sie immer: „was Ihnen guttut, tut nicht automatisch auch anderen gut". Durch unterschiedlich stark ausgeprägte Motiv-Strukturen hat jeder Mensch andere Bedürfnisse und zieht somit entsprechend aus seiner Umwelt auch unterschiedliche Dinge, um diese Bedürfnisse zu befriedigen.

3 Ziele

Was verbindlich ist, motiviert besser

Unsere Motive sind uns nicht immer bewusst – sie wirken auch dann, wenn wir von ihnen gar nichts wissen. Zum Beispiel kann es sein, dass ein Mitarbeiter oder ein Schüler eine bestimmte Sorte von Aufgaben interessanter findet als andere, ohne sich dabei klar vor Augen zu führen, dass die weniger interessante Aufgabe ihm einfach keine Gelegenheit gibt, etwas über seine Fähigkeiten zu erfahren. Das Leistungsmotiv wäre in diesem Fall unbewusst am Werk.

Bewusst ist uns aber, was wir mit unserem Verhalten anstreben: Eine Familie zu haben, ein bestimmtes Einkommen zu erreichen, einen Beruf zu erlernen, die Goldmedaille zu gewinnen, dies sind mögliche Ziele, die ein Mensch hat – und über diese Ziele können Menschen auch problemlos Auskunft geben.

ZIELE SIND NEBEN MOTIVEN DIE ZWEITE GROSSE QUELLE UNSERER MOTIVATION. MAN KANN DURCH KLUG GESETZTE ZIELE SICH SELBST UND ANDERE ERFOLGREICH MOTIVIEREN.

3.1 Zielsetzungstheorie

Theoretisch erklären lässt sich dieser leistungssteigernde Effekt der Zielsetzung damit, dass Ziele unser Verhalten in eine bestimmte Richtung lenken und unsere Gedanken, Aufmerksamkeit und Handlungen in diese Richtung folgen. Damit Zielsetzungen erfolgreich sind, müssen die formulierten Ziele allerdings einige Kriterien erfüllen (siehe Locke & Latham, 1990; Puca & Langens, 2002). Ziele ...

→ müssen konkret und spezifisch sein,
→ sollten herausfordernd, aber erreichbar sein,
→ müssen bedeutsam und bindend sein,
→ brauchen Feedback über Fortschritte.

3.1.1 Die Ziele müssen konkret und spezifisch sein

Unspezifische und vage Ziele fördern Motivation und Leistung nicht. Wenn ich beispielsweise sage, ich will „so viele Seiten wie möglich" pro Tag schreiben, kann es passieren, dass ich aufhöre, wenn mir nichts mehr einfällt. Mit der Begründung: Wenn mir nichts mehr einfällt, ist es eben nicht möglich weiterzuschreiben. Vielleicht ruft mich auch ein Freund an, den ich seit Monaten nicht mehr gesprochen habe. Ein Treffen mit ihm geht vor, und auch in diesem Fall ist es eben nicht möglich weiterzuschreiben. Oder ich bekomme Kopfschmerzen und mit Kopfschmerzen ist es erst recht nicht möglich weiterzuschreiben.

Das Problem von „so viele Seiten wie möglich" ist das Fehlen von konkreten und messbaren Standards, die genau festlegen, wann mein Ziel erreicht ist und wann nicht. Fehlt dieser Standard laufen wir Gefahr, uns von konkurrierenden Zielen (Entspannung, Freunde treffen etc.) frühzeitig ablenken zu lassen.

Psychologische Studien belegen dies deutlich. So fanden Locke et al. (1981) in 96 Prozent der herangezogenen Studien, dass Aufgabenstellungen ohne spezifische Zielsetzungen die Leistung in weitaus geringerem Maße förderten als solche mit definierten und messbaren Standards. Die Zielsetzung kann sich dabei auf zweierlei beziehen:

→ Quantitätsstandards, also Mengenziele – z.B. in einem Planungszeitraum (Tag, Woche o.Ä.) mindestens ein bestimmtes Pensum zu erledigen. Das wäre beim persönlichen Zeitmanagement zu berücksichtigen (wobei wir dort lernen, realistisch zu planen und zum Beispiel Störungen und Unvorhergesehenes durch Puffer zu berücksichtigen).

→ Qualitätsstandards, also Güteziele wie z.B. eine bestimmte Leistungsbewertung zu erreichen, ein Musikstück endlich fehlerfrei spielen o.Ä.

→ Kombinationen von Quantität und Qualität – z.B. das Musikstück bis zu einer Aufführung fehlerfrei spielen.

3.1.2 Die gesetzten Ziele sollten herausfordernd, aber erreichbar sein

Verlangen Sie nie von sich oder von anderen Unmögliches. Das offensichtlichste Beispiel für Unmögliches sind geplante Arbeiten, die sich in der maximal zur Verfügung stehenden Zeit einfach nicht erledigen lassen. Solche Absichten führen sich schon von alleine ad absurdum.

WO DIE UNMÖGLICHKEIT NICHT UNMITTELBAR SICHTBAR IST, ABER DIE ZIELE EIGENTLICH UNREALISTISCH SIND, WIRKT SICH DIES NEGATIV AUF DIE MOTIVATION AUS.

Aamodt (1999) berichtet, dass an der Radford Universität Studierende mit Leistungsproblemen durch ein spezielles Programm gefördert werden sollten. Es bestand aus Fachtutorien, der Vermittlung spezieller Lerntechniken und dem Setzen von Zielen. Es zeigte sich, dass sich erfolgreiche Programmteilnehmer/-innen von nicht erfolgreichen Teilnehmer/-innen vor allem in den gesetzten Zielen unterschieden. Viele nicht Erfolgreiche setzten sich zu hohe Ziele, z.B. sich von einer Vier auf eine Eins als Durchschnittsnote am Ende des Semesters zu verbessern. Erreichten sie in der ersten Klausur zu Beginn des Semesters „nur" eine Drei, war das gesetzte Ziel bereits nach wenigen Wochen nicht mehr zu erreichen. Die Betroffenen erlebten dies als Scheitern und verringerten ihre Bemühungen in erheblichem Maße.

Umgekehrt dürfen die gesetzten Ziele aber auch nicht zu leicht zu erreichen sein. Locke und Latham (1990) konnten zeigen, dass die Leistungen mit zunehmender Höhe der Zielsetzungen steil anstiegen, solange ein bestimmtes Maß nicht überschritten wurde.

Konkrete Ziele bedeuten überprüfbare Ziele

Leistungsstandards zur Überprüfbarkeit

Sind meine Ziele ...	Leistungsstandards
... messbar?	→ die Zeitdauer festlegen → klare Qualitätskriterien bilden → genaue Quantitäten festlegen
... quantifiziert?	→ messbare Leistungsstandards/-kriterien wählen → als Ersatz für Messbarkeit konkrete Aktionen festlegen
... terminbezogen	→ nicht nur die Zeitdauer, sondern ein konkretes Datum festlegen → Zwischenziele terminieren
... durch Ober- und Untergrenzen bestimmt?	→ bei fehlenden Erfahrungswerten eine reizvolle Spanne wählen → bei einem vorhandenen „Erfolgswert" Spanne daraus und ein paar Punkten darüber bilden
... widerspruchsfrei?	→ Anforderungen zu Qualität und Quantität in Übereinstimung? → Berufliches und Privates miteinander vereinbar?

Ohne Ziel keine Leistung. Aber vage Ziele fördern Motivation und Leistung nicht! Das erscheint plausibel und ist wissenschaftlich erwiesen. Deshalb geht es darum, konkrete Ziele zu formulieren und darauf hinzuarbeiten.

Konkret sind Ihre Ziele erst dann, wenn Sie wissen, wann sie als erreicht gelten können. Die Festlegung von Leistungsstandards als Messgrößen ist dazu ein wichtiger Schritt.

Beispiele

„Die Sitzung soll max. 2 Std. dauern." „Arbeit A in 3 Tagen erledigen."
„Ich möchte das Musikstück ohne Fehler spielen."
„Ich sollte täglich drei Briefe beantworten."

Legen Sie fest, wann das Ziel erreicht ist. Ein Idealgewicht könnte dabei als Zahl vorliegen. Bei einem Ziel wie „mal wieder etwas für Ihre Bildung tun" fehlen Zahlenwerte. Ersatzweise könnten Sie die Bücher nennen, die Sie dafür lesen wollen, und sich einen Besuch im Theater vornehmen.

„Aufgabe C soll bis zum ... erledigt werden." „Die Planung wird in drei Monaten erledigt und spätestens am 30.04. präsentiert." „Am Samstag besprechen wir mit allen den kommenden Jahresurlaub, und in der Woche darauf kann er gebucht werden."

„Keine Ahnung, was hier normalerweise zu schaffen ist. Ich wäre zufrieden, wenn ich für die 100 Meter so zwischen 16 und 20 Sekunden brauche." Oder: „In meinem Alter gilt 17 Sekunden als eine gute 100-Meter-Zeit, ich will zwischen 16 und 18 Sekunden brauchen."

So nicht: „Ich brauche diesen Brief fehlerfrei in zehn Minuten!" Sondern entweder: „Ich brauche diesen Brief unbedingt schnell fehlerfrei. Bis wann ist das möglich?" Oder: „Ich brauche diesen Brief unbedingt in zehn Minuten, bitte möglichst wenig Fehler!"

DIE ZIELE, DIE SIE SICH SETZEN, SOLLTEN HERAUSFORDERUNGEN DARSTELLEN, DIE NICHT OHNE WEITERES ZU ERFÜLLEN SIND, ABER IMMER NOCH IM BEREICH DES MÖGLICHEN LIEGEN.

Als Orientierungshilfe zur Zielbestimmung können Sie wieder die drei möglichen Standards der Leistungsmotivierten heranziehen:

→ Bisherige eigene Leistungen („individuelle Norm")

Wenn Sie z.B. die Erfahrung gemacht haben, dass Sie für das Erledigen einer bestimmten Arbeit bisher ca. vier Wochen gebraucht haben, könnten Sie sich etwa zum Ziel setzen, die nächste vergleichbare Aufgabe in drei Wochen zu bewältigen.

→ Leistungen anderer („soziale Norm")

Wenn Sie z.B. wissen, dass andere es schaffen, dreimal die Woche Sport zu treiben, können Sie das als Vergleichsstandard verwenden und versuchen, mindestens genauso sportlich zu sein.

→ Absoluter Standard bzw. geforderte Leistungen („kriteriale Norm")

Wenn Sie Ihr Musikstück fehlerfrei mit den 60 Schlägen pro Minute spielen können, wie es auf dem Notenblatt steht.

3.1.3 Die gesetzten Ziele müssen bedeutsam und bindend sein

Spezifische und herausfordernde Ziele sind noch kein Garant dafür, auch zielgemäß zu handeln. Manche Menschen haben zwar Ziele, setzen sie aber nicht konsequent um. Ich werde weiter unten noch näher auf die Bedeutung des Konzeptes der „Zielbindung" bzw. des Commitments eingehen (vgl. auch Kleinbeck, 1996). Nach diesem Konzept gilt:

ZIELE, AN DIE WIR UNS NICHT GEBUNDEN FÜHLEN, VERLIEREN LEICHT IHRE VERBINDLICHKEIT UND DAMIT IHRE WIRKSAMKEIT.

Insbesondere wenn plötzlich andere interessante Geschehnisse locken (z.B. spontaner Kurzurlaub, neue Liebe), lassen wir uns leicht von den zuvor gesetzten Zielen abbringen. Was können wir tun?

→ Aufgabe

Achten Sie darauf, sich Freiräume zu erhalten und nicht im Überschwang zu Beginn der Woche Ihre gesamte Zeit zu verplanen. Ziele, zu deren Erreichung Sie jede freie Minute brauchen, sind unrealistisch. Achten Sie zusätzlich darauf, dass Sie sich Ziele setzen, deren Erreichung Ihnen wirklich wichtig und bedeutsam ist.

Hierzu können wir uns ein weiteres Motivationskonzept zunutze machen: die Erwartungs-Wert-Theorie. Daraus lässt sich ableiten, dass uns vor allem solche Ziele wichtig sind, die ihrerseits gebraucht werden, um andere, noch höher bewertete Ziele zu erreichen.

Dazu ein Beispiel: Sie streben eine Position in einer bestimmten Ebene des Managements Ihres Unternehmens an, zu der ein Auslandsaufenthalt, am besten in den USA, eine wichtige Voraussetzung ist. Um wiederum für ein oder zwei Jahre in die amerikanische Dependance entsendet zu werden, brauchen Sie noch eine Reihe von Qualifikationen in spezifischen fachlichen Bereichen. Auch erwartet man von Ihnen die entsprechende interkulturelle Kompetenz sowie perfekte Sprachkenntnisse im fachsprachlichen Bereich und beim Small Talk. Ihr Unternehmen bietet auch entsprechende Lehrgänge und Trainings an und man ist bereit, die Kosten für ergänzende externe Schulungen zu übernehmen, wenn Sie daran zusätzlich zur Arbeitszeit teilnehmen. Alles in allem: Diese Qualifikation für die Auslandsentsendung ist eine erhebliche längerfristige Zusatzbelastung.

Sie planen daraufhin, die anstehenden Qualifikationen in den nächsten sechs oder zwölf Monaten zu erwerben. Damit haben Sie sich Ziele gesetzt, die Mittel zum höheren Ziel „USA-Aufenthalt" sind, der wiederum Ihre Chance auf die angestrebte Managementposition ist. Je attraktiver der Aufenthalt in den USA für Sie ist und je wahrscheinlicher Sie nach der Rückkehr befördert werden, desto ausdauernder und intensiver werden Sie nun die gesetzten Qualifikationsziele verfolgen. Dies ergibt sich aus der Erwartungs-Wert-Theorie: Die Attraktivität des Aufenthalts ist der Wert und die Wahrscheinlichkeit, dass dieser Aufenthalt Sie anderen Zielen näher bringt, ist die Erwartung und das Produkt aus beiden ist Ihre Motivation.

Jede Versuchung, die Sie von der Teilnahme an den Lehrgängen und Trainings abbringen könnte, bedeutet, den USA-Aufenthalt zu gefährden. Oder anders ausgedrückt: Mit jeder Minute, die Sie in die Qualifikation investieren, kommen Sie den USA ein Stück näher.

Sollten Sie jetzt trotzdem noch an sich zweifeln und fürchten, schwach zu werden, können Sie sich zusätzlich noch die Wirkung von Symbolen zunutze machen: Ein Poster von San Francisco über dem Schreibtisch oder eine Freiheitsstatue in Miniaturformat im Schlafzimmer können wertvolle zusätzliche Motivationsstützen sein, um das Ziel im wahrsten Sinne des Wortes „im Auge zu behalten".

3.1.4   Feedback über die Fortschritte auf dem Weg zum Ziel

Die psychologische Forschung lässt keine Zweifel, dass Rückmeldungen (Feedback) die Wirkung von Zielsetzungen erheblich beeinflussen (Locke & Latham, 1990). In einer Reihe von Untersuchungen zeigte sich, dass gesetzte Ziele wenig leistungsfördernd sind, wenn Rückmeldungen über den Grad der Zielerreichung fehlen.

Dabei können wir grundsätzlich zwischen zwei Arten von Rückmeldungen unterscheiden.
→ Zum einen gibt es das Ergebnis-Feedback: Kennzahlen, Verkaufszahlen, Einkommen, Tore, Beifall nach dem Konzert etc.
→ Zum anderen gibt es das Verlaufs-Feedback. Das Verlaufs-Feedback liefert uns während eines Prozesses Informationen darüber, ob wir auf dem richtigen Weg sind oder ob wir mehr Anstrengung aufbringen oder die Strategie unseres Vorgehens ändern müssen, um das gesetzte Ziel zu erreichen (das könnten während des Konzerts oder des Vortrags die Gesichter der Zuhörer sein, beim Sport sind es zum Beispiel die Zwischenzeiten, die den Läufern üblicherweise zugerufen werden).

Auch hier liefert die Forschung wieder klare Ergebnisse. In einer Studie von Lee und Lituchy (1990) simulierten die Versuchspersonen Börsengeschäfte. Es zeigte sich, dass die besten Ergebnisse von Personen erreicht wurden, denen spezifische und zugleich hohe Ziele gesetzt worden waren und die zusätzlich zur Ergebnisrückmeldung auch spezifische Verlaufs-Feedbacks zu ihren Transaktionen bekommen hatten (Kleinbeck, 1996).

Exkurs: Eigentlich ein unrealistischer Standard: Hasen

Besonders bei Langstreckenläufen wie Marathons oder im Radsport gibt es eine besondere Technik der Zielsetzung: den „Hasen", auch „Tempomacher" oder „Pacemaker". Die Aufgabe des Hasen ist es, das Feld anzuführen und die undankbare Rolle des ersten Läufers zu spielen. Im optimalen Fall gibt der Hase durch seinen Lauf genau das Tempo vor, das den eigentlichen Läufer zum Ziel, zum Beispiel zur angestrebten Rekordzeit führt. Natürlich kann der Hase dieses Tempo nicht die ganze Zeit über durchhalten und steigt üblicherweise während des Rennens irgendwann aus. Bei Marathons etwa laufen die Tempomacher nur etwa die Hälfte bis zwei Drittel der Strecke mit. Bis dahin aber haben sie viele Funktionen erfüllt, haben dem Läufer zum Beispiel Windschatten geboten, ihn möglicherweise gegen andere Läufer abgeschirmt, manchmal sogar ein Getränk gereicht. Aber die psychologisch besonders wichtigen Funktionen sind eben die beiden, die uns gerade beschäftigen: Zum einen bieten sie einen Referenzpunkt, einen Standard, an dem sich der Läufer orientieren kann (auch wenn dieser Standard unrealistisch ist, denn der Hase steigt ja irgendwann aus dem Rennen aus), und zum anderen behält ein guter Hase im Blick, ob die Zielzeit immer noch erreichbar ist, und gibt so dem Läufer das so schwierig zu erhaltende Verlaufs-Feedback.

Das Problem für uns: Viele Arbeitsumfelder stellen eine eher rückmeldungsarme Umgebung dar, in der es häufig vor allem an dem erwähnten Verlaufs-Feedback fehlt. Was können wir also tun? Werfen wir einen Blick in die Arbeitswelt und schauen uns Unternehmen an, die mit der Zielsetzungsmethode arbeiten. Hier finden wir verschiedene Wege, wie für Feedback gesorgt wird:

→ Die Arbeit selbst kann so gestaltet sein, dass sie Feedback liefert (z.B. Arbeitsausführung und Qualitätskontrolle liegen in der Hand einer Person),
→ der Vorgesetzte gibt dem Mitarbeiter eine Rückmeldung über seinen Leistungsstand (z.B. in regelmäßig stattfindenden Mitarbeitergesprächen),
→ die Mitarbeiter/-innen führen selbst Kontrollen durch, die ihnen Rückmeldungen liefern (z.B. mittels Datenblättern, die täglich ausgefüllt werden),
→ die Kollegen geben sich untereinander Feedback (z.B. im Rahmen von Workshops) oder
→ technische Vorrichtungen (z.B. Computer) liefern fortwährend Ergebnisdaten über die Zielerreichung.

Für den Alltag kann man aus diesen Strategien einiges lernen. Offensichtlich ist es auch für Ihre persönlichen Ziele wichtig, dass Sie bemerken, ob Sie auf dem richtigen Weg sind. Für die Diät hilft natürlich die Dokumentation dessen, was Sie geschafft haben. Für das Musikstück, das Sie einstudieren, hilft vielleicht eine Probe mit anderen, die sich die Ergebnisse Ihrer Bemühungen anhören. In wieder anderen Situationen hilft es, wenn Sie den Partner, Freunde, andere Familienmitglieder fragen. Noch besser freilich wäre es, wenn die Gelegenheiten, darüber zu sprechen, was gut und was weniger gut gelaufen ist, einen festen Platz in Ihrem Alltag haben.

→ Aufgabe

→ *Überlegen Sie, wer sich als Feedback-Geber in Ihrem sozialen, familiären und beruflichen Umfeld eignet. Bitten Sie die geeigneten Personen, Ihnen regelmäßig Feedback zugeben.*

→ *Machen Sie sich im Vorfeld Gedanken, über welche Themen Sie von Ihren Feedback-Gebern ein Feedback erhalten möchten.*

Differenzieren Sie zwischen Ergebnis-Feedback und Verlaufs-Feedback (z.B. wie zufrieden stellend ist die Aufgabenbearbeitung und das Arbeitsergebnis aus Sicht eines Kollegen oder einer Führungskraft?).

3.2 Zielsetzungspraxis

Greifen wir nun die Anforderungen auf, die nach den kurz skizzierten psychologischen Forschungsergebnissen an Ziele zu stellen sind, damit diese motivierend ausgelegt und erfolgreich verfolgt werden können. Nachfolgend finden Sie einige Tipps, wie man Ziele in der Praxis formulieren und setzen kann.

Im vorliegenden Abschnitt geht es um die Fragen:

→ Wie formuliere ich konkrete und spezifische Ziele?
→ Wie gelange ich zu schwierigen, herausfordernden, aber doch realistischen Zielen?
→ Worin drückt sich Bedeutsamkeit und Bindung aus?

Den dritten Aspekt vertiefen wir dann weiter im Abschnitt 3.3.1 zum Commitment, der Selbstverpflichtungsmotivation.

Sie sehen: Wir bleiben weiterhin auf der methodischen Ebene. Denn die Inhalte von Zielen können nicht Gegenstand dieses Buches sein, Sie müssen Ihre eigenen Ziele setzen und wissen, worauf es Ihnen ankommt und was für Sie wichtig ist. Deshalb erhalten Sie hier nur Anregungen, aber keine Handlungsanweisungen.

3.2.1 Vom Groben über das Feine zum Aktionsprogramm

In einem ersten Schritt sind Ziele häufig sehr komplex und langfristig angelegt. Der Komplexitätsgrad hat dabei nichts mit der Ausführlichkeit der Formulierung oder dem Grad der Messbarkeit zu tun. Das so schlicht und kurz daherkommende, bestens messbare Ziel „Ich möchte im nächsten halben Jahr kein Wochenende mehr für den Beruf opfern" kann sich als höchst komplex erweisen. Es verlangt möglicherweise ein neues Zeitmanagement am Arbeitsplatz, Absprachen mit Kollegen, Delegation von Arbeiten, die Sie bislang selbst erledigt haben, die ein oder andere schmerzliche Entscheidung, eine attraktive, vielleicht sogar lukrative Aufgabe einmal nicht zu übernehmen. Vielleicht ist im nächsten Schritt ein Konzept gefragt, was Sie eigentlich an den Wochenenden machen wollen, also Familienunternehmungen, die Spaß machen oder die einfach nötig sind (z.B. gemeinsam mit dem Sohnemann an dessen gefährdeter Versetzung arbeiten).

Ablaufschema der Zielsetzungspraxis

Wichtig ist es zunächst, komplexe Ziele in Einzel- oder Zwischenziele („Meilensteine")
zu zerlegen. Wenn Sie solche Zwischenziele festgelegt haben, können Sie konkrete
Arbeits- und Aktionsprogramme entwerfen.

→ **Aufgabe**

Welche Ziele haben Sie für die nächsten zwölf Monate?

→ *Stellen Sie die Ziele für Ihre Karriere und Ihr Privatleben auf.*

→ *Schreiben Sie diese Ziele bitte auf.*

→ *Geben Sie an, was Sie vorhaben, um diese Ziele zu erreichen. Glie-*
dern Sie dabei nach Zwischenzielen.

→ *Überprüfen Sie Ihre Ziele in Bezug auf:*

  ▶ *Messbarkeit*

  ▶ *Quantifizierbarkeit*

  ▶ *Terminierung*

  ▶ *Ober- und Untergrenzen (Zielspanne)*

  ▶ *Widerspruchsfreiheit*

> → *Planen Sie nun Ihre Zielerreichung in einem zeitlichen bzw. terminierten Zusammenhang.*
>
> → *Anhand welcher Kriterien können Sie Ihre Zielerreichung messen? Legen Sie Kriterien fest (mögliche Kriterien: Termineinhaltung, Ergebnis in Zahlen oder Fakten, Kundenzufriedenheit, Feedback usw.).*

3.2.2 Schwierige, aber realistische Ziele

Ziele sollen erreichbar, aber nicht zu einfach sein. Man leistet mehr und Besseres, wenn sie herausfordern. Folgende Faustregeln sollten Sie bei der Formulierung von Zielen berücksichtigen:

→ Setzen Sie sich je Halbjahr nicht mehr als drei bis maximal sieben Ziele.

→ Entwerfen Sie für Ihre Ziele Aktionsprogramme dafür, wann und wie Sie sie erreichen wollen.

→ Streuen Sie in Ihre Zeitplanung „Jokertage" (unverplante Tage) ein. Meist kommt uns etwas dazwischen, womit wir in unserer Planung nicht gerechnet haben. Dadurch entstehende Verzögerungen können wir mit den „Jokertagen" meist wieder auffangen. Kommt nichts dazwischen, sind die „Jokertage" eine schöne Möglichkeit zur Belohnung und Erholung.

→ Lassen Sie Ihre Erfahrungen in die Zielplanung miteinfließen.

> ### → Aufgabe
>
> *Analysieren Sie Ihre eigenen Erwartungen bezüglich der Erreichung von Zielen in der Vergangenheit:*
>
> ? *Waren die Ziele realistisch? Zu hoch angesetzt? Zu niedrig angesetzt?*
>
> ? *Falls die Ziele unrealistisch waren: Was waren die Ursachen (z.B. äußere Störungen, Unter- oder Überschätzung der Schwierigkeit, Unter- oder Überschätzung des Aufwands für einzelne Schritte, fehlendes Material)?*
>
> ? *Welche Schlussfolgerungen ziehen Sie aus der Ursachenanalyse? Was wollen Sie in Zukunft anders machen?*

3.2.3 Bedeutsame und bindende Ziele

Damit Ziele uns motivieren, müssen wir sie als wichtig und bindend erleben. Für Sie selbst wird Ihnen zu Beruf oder Ausbildung spontan eine Reihe von Zielen einfallen, die Ihnen wichtig sind. Gleichzeitig verfolgen die meisten von uns im Leben aber auch noch andere Ziele, die zu den Berufszielen teilweise in Konkurrenz stehen.

Wenn wir solche „Zielkonflikte" nicht aufspüren und uns bewusst machen, laufen wir Gefahr, immer wieder an den selbst gesetzten Zielen zu rütteln und zu zweifeln, wenn sie auf andere Ziele prallen.

UNTER MOTIVATIONSASPEKTEN IST ES AUSGESPROCHEN WICHTIG, ZIELKLARHEIT ZU SCHAFFEN.

Fragen Sie sich also:
- → Was will ich in meinem Leben erreichen?
- → Welche Ziele strebe ich mit meinen nächsten Karriereschritten an?
- → Was will ich in den nächsten fünf, zehn oder 20 Jahren erreicht haben?
- → Welche Schritte stellen wichtige Etappen für die Erreichung dieser weiter gehenden Lebensziele dar?

Auf dem Weg von den Zielen zum Erfolg wird es immer auch Vorgaben geben, von deren Sinn und Bedeutung Sie nicht immer überzeugt sein werden. Und Sie werden es nicht schaffen, alle Vorgaben, die Sie einhalten müssen, immer in Einklang mit Ihren persönlichen Zielen zu bringen. Hierzu erinnere ich Sie an die in diesem Buch an verschiedenen Stellen angesprochene Bedeutung von Interpretationen (vgl. vor allem Kap. 1.3.2). Diese liefern Ihnen Brücken zur Motivationssteigerung für zunächst unattraktiv erscheinende Ziele und Aufgaben.

→ Aufgabe

- → Binden Sie unattraktive Ziele und Aufgaben in höhere und attraktivere Ziele ein – im Sinne des „Mittels zum Zweck".

- → Halten Sie den „Fluch klein und den Segen groß". Suchen Sie nach Nebeneffekten der eigentlichen Aufgabe, die in Ihrem Interesse liegen.

Je klarer Sie sich darüber sind, was Sie wollen, desto geringer wird die Wahrscheinlichkeit, bei Aufgaben zu landen, die Sie eigentlich nicht interessieren. Denn es geht ja nicht um Interesse im Sinne von „interessant" finden, sondern im Sinne des Förderlichseins für die Ziele, und damit können die im einen Wortsinn uninteressanten Dinge im anderen Sinn interessant sein.

Ich werde im Folgenden noch detaillierter darauf eingehen, wie man die Verbindlichkeit seiner Ziele steigern kann.

3.2.4 Nicht meiden, sondern aufsuchen!

Eine wichtige Komponente der Zielsetzungspraxis betrifft die Formulierung der Ziele. Das Ziel sollte positiv formuliert sein, also als ein Zustand, den Sie erreichen und aufsuchen wollen. Auch das war ein Mangel an dem oben genannten Beispiel „Kein Wochenende mehr für die Arbeit opfern", denn dies ist ein negativ formuliertes Ziel, aus dem nur hervorgeht, was Sie nicht wollen. Sie erreichen Ihre Ziele eher, wenn Sie sie positiv formulieren, also etwa: „Jedes Wochenende etwas mit der Familie unternehmen."

So, wie es bei den Motiven Annäherungs- und Vermeidungstendenzen gibt (siehe oben Kap. 2.2), können auch Ziele als Annäherungs- und Vermeidungsziele formuliert sein. Und wie gesagt, diese unterschiedlichen Formulierungen wirken deutlich unterschiedlich (Puca & Langens, 2002):

Bei Annäherungszielen (z.B. „Ich möchte in der Klausur mindestens eine Zwei bekommen"):
→ Sensible Wahrnehmung von Fortschritten und Gelegenheiten zur Zielverwirklichung,
→ Zuversicht,
→ Hindernisse werden als Herausforderung gesehen,
→ Verwirklichung wirkt positiv auf Stimmung und Wohlbefinden.

Bei Vermeidungszielen (z.B. „Ich möchte auf keinen Fall durchfallen"):
→ Sensible Wahrnehmung von Verzögerungen,
→ Hindernisse sind Bedrohung und Vorboten des endgültigen Scheiterns,
→ Rückschläge und Verzögerungen bewirken Ängstlichkeit,
→ Misstrauen dagegen, dass sich die Dinge in erwünschter Weise entwickeln,
→ Verwirklichung (= erfolgreiches Abwenden eines befürchteten Ereignisses) ruft Erleichterung, nicht aber Freude hervor.

Dieser Unterschied zeigt sich zudem in der Effektivität der Zielsetzung. Galinsky und Mußweiler (2001) ließen ihre Probanden Gehaltsverhandlungen führen und gaben ihnen unterschiedliche Ziele vor. Wenn das Ziel als Meiden-Ziel formuliert war („Gib dich auf keinen Fall mit einem Bonus von weniger als € 10.000 zufrieden.") erzielten die Verhandler deutlich geringere Ergebnisse, als wenn das Ziel als Aufsuchen-Ziel formuliert war (z.B. „Es wurden in der Branche bereits Boni von € 30.000 gezahlt. Das wäre dein ideales Ergebnis.") Dies galt umgekehrt genauso, wenn die Probanden die Firma vertreten sollten: Bei einem Meiden-Ziel wie „Lass dich auf keinen Fall auf mehr als € 20.000 ein" waren die Ergebnisse (aus Sicht der Firma) deutlich schlechter als bei einem Aufsuchen-Ziel wie etwa: „Der Firma wäre es am liebsten, wenn sie als Bonus nur € 5.000 zahlen müsste."

Zielkonflikte

Bei der Aufstellung Ihrer Ziele befassen Sie sich immer wieder mit der übergeordneten Frage:„Was will ich in meinem Leben erreichen?" Hierbei werden immer wieder **Zielkonflikte** entstehen. Von einem Zielkonflikt sprechen wir, wenn die Erreichung eines Ziels eine andere Zielerreichung negativ beeinflusst.

Beispielsweise hat Ihr Unternehmen das ökonomische Ziel, die Produktionskosten in der Fertigung innerhalb eines Jahres um zwei Prozent zu senken. Das ökologische Ziel jedoch lautet: Die Fertigungsverfahren sollen innerhalb von drei Jahren den vorgegebenen Kriterien des Umweltverbandes XY einer umweltschonenden Fertigung gerecht werden. In diesem Fall behindern sich die ökonomischen und ökologischen Ziele.

Zielharmonie (Zielkomplementarität) entsteht, wenn sich einzelne Ziele positiv unterstützen. Eine **Zielneutralität** entsteht, wenn Ziele vollkommen unabhängig zueinander stehen.

→ Aufgabe

Wo entstehen in Ihrem Leben Zielkonflikte? Welchen Zielen räumen Sie Prioritäten ein? Wo können Zielharmonien hergestellt werden?

3.3 Mit Leib und Seele: Die Bindung an Ziele

Wie setzt man konkret ein Ziel? Vom Grundsatz her sind zwei Schritte zu vollziehen:

- → Das Ziel wird formuliert und man nimmt sich vor, dieses Ziel zu einem bestimmten Zeitpunkt erreichen zu wollen. Das geschieht entweder im Zuge der systematischen Zielplanung oder aber durch einen äußeren Anlass.
- → Das Ziel muss verbindlich gemacht werden. Die Verbindlichkeit von Zielen beruht nur zum geringsten Teil auf der inneren Entscheidung. Unsere inneren Beschlüsse werden in der Regel durch äußere Verpflichtungen ergänzt; je mehr es davon gibt, desto verbindlicher ist das Ziel.

Ein schönes Beispiel, das die Zusammenhänge illustriert, sind Prüfungen. Wenn Sie sich vornehmen, eine Fortbildung mit einer Prüfung abzuschließen, dann wird dieses Ziel sofort deutlich verbindlicher, sobald Sie sich zu dieser Prüfung anmelden. Das kann sogar eine rechtsverbindliche Art der Verpflichtung sein. Aber die Verbindlichkeit steigt weiter, wenn Sie den Termin in Ihren Kalender eintragen, und noch mehr, wenn Sie in Ihrem Freundes- und Bekanntenkreis erzählen, dass Sie sich jetzt angemeldet haben. Auch diese Dinge bewirken eine psychologische Verpflichtung, selbst wenn sie rechtlich neutral zu bewerten sind.

Ein anderes Beispiel stammt aus dem Bereich Sozialpädagogik bzw. Therapie, wo Betreuer mit Klienten regelrechte Verträge abschließen, in denen sich die Klienten auf bestimmte, den Therapiezielen förderliche Verhaltensregeln verpflichten. Die Absicht liegt in der Steigerung der Bindung an gemeinsame Arbeitsziele, wenngleich die Verbindlichkeit dann doch stark durch äußere Motivation (Ausschluss von der weiteren Betreuung bei Fehlverhalten) bestimmt wird.

→ Aufgabe

Bitte schauen Sie sich noch einmal Ihre in Kap. 3.2 definierten Ziele an. Arbeiten Sie nun für Ihre Ziele Strategien zur Erhöhung der Verbindlichkeit aus. Mögliche Leitfragen hierbei sind:

? *Welche Ziele kann ich öffentlich machen?*

? *Wem berichte ich von meinen Zielen?*

? *Welches Invest erfordert meine Zielerreichung?*

? *Wo platziere ich eine schriftliche Fixierung meiner Ziele?*

? *Welche Ziele muss ich noch zusätzlich visualisieren (mithilfe von Fotos, Skizzen, Bildern etc.)?*

3.3.1 Commitments – Verbindlichkeit herstellen

Die innere Verpflichtung zu einem Ziel wird im Englischen als „commitment" bezeichnet. Der Begriff ist recht nützlich, denn er meint etwas mehr, als wir normalerweise mit „Verpflichtung" verbinden. Eine Verpflichtung kann auch etwas bloß Äußeres sein.

> MIT EINEM HOHEN COMMITMENT GEHT NICHT NUR DIE ÄUSSERE VERPFLICHTUNG, SONDERN AUCH DAS INNERE „ENGAGEMENT" UND DAS GEFÜHL DER PERSÖNLICHEN „BINDUNG" EINHER.

Die Management- bzw. Führungslehre hat den Begriff adaptiert und es gilt allgemein als anerkannt, dass das in einem Unternehmen vorhandene Commitment als Selbstverpflichtungsmotivation der Mitarbeiter für den Erfolg einer Organisation von grundlegender Bedeutung ist.

Folgende Maßnahmen dienen dazu, die Verbindlichkeit zu steigern (vgl. Cialdini, 2008; Felser, 2007):

Schreiben, schriftliche Fixierung

Ein Eintrag in den Kalender, eine Erinnerungsnotiz, vielleicht gar ein Papier, das wir an andere weitergeben, wirken verpflichtend. Commitments im Rahmen einer Commitmentkultur werden grundsätzlich schriftlich fixiert.

Öffentlichkeit

Wenn wir andere von unseren Vorhaben in Kenntnis setzen, bringen wir uns damit auch gleichzeitig selbst unter Druck, uns an diese Absichten auch zu halten. Die Bereitschaft, eine Absicht anderen weiterzuerzählen, ist beinahe schon ein Gradmesser dafür, wie ernst es uns mit dieser Absicht ist.

Aufwendungen, Kosten und Hindernisse

Je mehr wir in unsere Absichten bereits investiert haben, desto stärker fühlen wir uns daran gebunden.

Das gilt sowohl für darauf verwendete Zeit als auch für Geld. Die Schwelle, ein Projekt wieder aufzugeben, liegt dann höher.

Hier zeigt sich übrigens auch der beinahe schon paradoxe Effekt, dass eine Sache weniger starkes Commitment erzeugt, wenn sie leicht zu haben ist, als wenn ihr Hindernisse entgegenstehen.

Freiwilligkeit, Fehlen von Zwang

Ein hohes Commitment können Sie nur bei Dingen erleben, die Sie freiwillig tun. Wenn Sie anderen auf die Sprünge helfen möchten, die eine Sache offensichtlich nicht aus innerer Überzeugung tun: Oft hilft schon der Hinweis, dass man das, was man da macht, genauso gut auch lassen könnte, um die Bindung zu verstärken.

Ein Blick in die Kulturgeschichte ...

Wir finden Elemente des Commitments kulturgeschichtlich in Hochzeitszeremonien. Darin kommen alle genannten Aspekte vor – der Trauschein, das Öffentlichmachen der persönlichen Bindung, bei uns mit Trauzeugen, und zu guter Letzt die Zeremonie selbst: Dabei wird stets betont, dass sich die Brautleute aus freien Stücken und ohne jeden Zwang zusammenfinden. Dieser Hinweis ist mehr als nur eine juristische Formalie. Mit ihm werden die Brautleute daran erinnert, dass sie durchaus auch anders handeln könnten und dass sie daher allen Grund haben, sich an ihre Entscheidung gebunden zu fühlen.

3.3.2 Sich eine Sache zu eigen machen: Der „Endowment-Effekt"

Hohes Commitment bedeutet eben auch, sich eine Sache gleichsam anzueignen. Dies hat im ideellen wie im wörtlichen Sinne eine starke Wirkung auf unser Gefühl der Bindung. Dabei kann einer der stärksten psychologischen Effekte überhaupt auftreten, der so genannte „Endowment-Effekt" (zum Überblick Felser, 2007). Er lässt sich kurz auf folgende Formel bringen:

WIR SIND IMMER STÄRKER MOTIVIERT, EINEN VERLUST ZU VERHINDERN, ALS EINEN GLEICHWERTIGEN UND GLEICH WAHRSCHEINLICHEN GEWINN HERBEIZUFÜHREN.

Experiment zum „Endowment-Effekt"

Handgreiflich zeigt sich der Effekt zum Beispiel in folgender experimenteller Anordnung (Kahneman, Knetsch & Thaler, 1990): Stellen Sie sich vor, ich schenke Ihnen einfach so einen beliebigen Gegenstand, etwa einen hübschen Kaffeebecher. Nun gebe ich Ihnen Gelegenheit, dieses Geschenk wieder zu verkaufen und anstelle des Bechers den Verkaufserlös mit nach Hause zu nehmen.

Stellen Sie sich im Kontrast hierzu die Kontrollversion dieses Experiments vor: Ich biete Ihnen diesen Becher zum Kauf an, ohne ihn vorher an Sie verschenkt zu haben. In beiden Fällen geht es um die Frage, wie viel Geld der Becher Ihnen wert ist. Der einzige Unterschied besteht darin, dass Sie den Becher in der einen Situation bereits besessen haben (allerdings nicht, weil Sie ihn wollten, sondern nur, weil ich ihn Ihnen aus heiterem Himmel geschenkt habe).

In diesem Moment bekommt das menschliche Verhalten eine irrationale Komponente, die in ökonomischen Vorstellungen des Marktverhaltens eigentlich keinen Platz hat: Während Versuchspersonen den Becher nur für höchstens $ 3 kaufen würden, muss der Preis beim Verkauf relativ hoch sein, nämlich gut $ 7, sonst behalten sie den Becher lieber und verzichten auf das Geld. Ein absolut zufälliger Besitz motiviert also die Versuchspersonen, weit höhere Preise zurückzuweisen, als sie selbst für dieselbe Sache zu zahlen bereit wären, wenn sie sie noch nicht besitzen.

Aufbauend auf dieser Erkenntnis kann man ableiten:

GIB MENSCHEN ETWAS, WAS SIE VERLIEREN KÖNNTEN; DAS ZU SICHERN WIRD SIE MEHR MOTIVIEREN ALS DIE HOFFNUNG, EINEN GEWINN ZU ERZIELEN.

Auch das kann einer der Unterschiede zwischen Motivierten und nicht Motivierten sein. Im Fallbeispiel aus Abschnitt 1.3 hat Regina etwas, auf dem sie aufbauen kann, ein Kapital, das nun zu sichern ist (guter Notendurchschnitt, Ruf bei den Dozenten, Hiwi-Stelle). Dieter hat in diesem Sinne nichts, was er gegen Verlust absichern müsste. Alles, was Regina schon hat, muss er sich erst noch erwerben. Und das motiviert weniger, selbst dann, wenn für ihn der Gewinn genauso wahrscheinlich ist wie der mögliche Verlust für Regina.

Die motivierende Kraft des „Endowment-Effekts" hängt aber nicht so sehr von tatsächlichen Besitzverhältnissen als vielmehr von der Interpretation der Personen ab. Oft kann genau dieselbe Sache einmal wie ein drohender Verlust und einmal wie ein möglicher Gewinn erlebt werden.

EINE AUS EINEM LOGISCHEN BLICKWINKEL BANALE UMFORMULIERUNG DESSELBEN SACHVERHALTES KANN AUF DIE MOTIVATION NENNENSWERTE EFFEKTE HABEN.

Sie werden zugeben, dass die folgenden zwei Sätze einen ziemlich ähnlichen Inhalt haben: „Wenn Sie diesen Bluttest machen lassen, erfahren Sie Ihren Cholesterinspiegel" und „Wenn Sie diesen Bluttest nicht machen lassen, erfahren Sie nichts über Ihren Cholesterinspiegel".

Trotzdem hätten Sie besseren Erfolg, wenn Sie Ihre Kunden mit dem zweiten Satz zum Bluttest motivieren wollen (Maheswaran & Meyers-Levy, 1990). Im Fallbeispiel sollte Dieter sich also auch klarmachen, welche Chancen er verspielt, wenn er nicht dies oder jenes in seinem Studium macht.

Ein Beispiel aus der Werbung

Auf dem Umschlag eines Werbebriefs steht: „Vielleicht haben Sie mit diesem Los bereits einen BMW gewonnen?"

Selbst wenn wir sicher sind, nur nutzlose Werbung erhalten zu haben, fällt es uns doch schwer, mit dem Umschlag auch gleich die Option auf eine Sache wegzuwerfen, die wir „vielleicht schon besitzen".

Mit einer solchen Formulierung soll für Sie geistig der „Verlustrahmen" („loss frame") aufgespannt werden. Wenn Sie den Umschlag ungeöffnet ins Altpapier geben, dann sollen Sie das wie einen Verlust erleben (denn den BMW haben Sie ja – vielleicht – schon) und keinesfalls wie einen nicht realisierten Gewinn.

Diese in der Werbung gängige Methode kann sich vielleicht auch Dieter zur Motivation zunutze machen – nach dem Motto: „Du bist prädestiniert der Jahrgangsbeste zu werden. Verspiele diese Chance nicht.“

Auch hier wird die Macht der Fantasie helfen: Stellen Sie sich Ihre Ziele so vor, als ob Sie sie schon erreicht hätten. Beziehen Sie im Geiste Ihre Traumwohnung bereits, gründen Sie Ihr Unternehmen, fahren Sie in den Traumurlaub, machen Sie die Karriere, die Sie sich wünschen – in der Fantasie. Auch wenn Sie sich – wie oben empfohlen – mit Poster und Souvenir an Ihr Ziel, den USA-Aufenthalt, erinnern (vgl. S. 59), lassen Sie den Endowment-Effekt für sich arbeiten: Nun erscheint Ihnen eine Abweichung von Ihrem Weg nicht mehr wie ein nicht realisierter Gewinn, sondern wie ein Verlust; Ihre Motivation wird dadurch gestärkt.

3.4 Grenzen der Zielsetzung

Ziele motivieren umso stärker, je größer der Einfluss ist, den man selbst bei der Auswahl und der Verfolgung der Ziele hat. Ziele, die wir nur verfolgen, weil andere das von uns wollen, motivieren deutlich weniger.

Außerdem eignen sich nicht alle Aufgaben und Tätigkeiten zur Formulierung von Zielen. Und je komplexer eine Aufgabe ist, desto schwieriger ist es, sie als Ziel zu formulieren.

Hier funktioniert die Zielsetzungsmethode weniger gut als bei konkreten und sehr einfach strukturierten Zielen (vgl. Puca & Langens, 2002).

→ Auf den Punkt gebracht:

- ⊘ Klare Ziele motivieren. Bewusste Ziele sind neben den oft unbewussten Motiven die zweite Quelle unserer Motivation.

- ⊘ Herausfordernde Ziele motivieren stärker, aber sie müssen realistisch bleiben. Unrealistische Ziele demotivieren.

- ⊘ Ziele müssen klar definiert und überprüfbar sein. Sie können sich

    - ⊗ am eigenen Leistungsvermögen (individuelle Norm),

⊗ am Leistungsvermögen der Umwelt (soziale Norm),

⊗ an objektiven Notwendigkeiten (kriteriale Norm)
orientieren.

✓ Ziele müssen bedeutsam und bindend sein. Die Bedeutsamkeit hängt eng mit der persönlichen Disposition und den Motiven zusammen.

✓ Um die Bindung zu stärken, kann man mit Commitments arbeiten und schriftlich fixierte, feste Verpflichtungen eingehen. Das lässt sich mit sich selbst arrangieren, aber natürlich auch mit Partner, Freunden, Familie oder im Unternehmen.

✓ Auch der Endowment-Effekt bietet Ansatzpunkte zur Stärkung von Bindung: Gib Menschen etwas, was sie wieder verlieren könnten – das zu sichern motiviert mehr, als auf einen Gewinn hinzuarbeiten.

✓ Komplexe Ziele müssen in gangbare Schritte gegliedert werden. Zu komplexe Aufgaben eignen sich jedoch nicht für die Zielsetzungsmethode.

Überprüfen Sie zum Abschluss des Kapitels noch einmal Ihre Einstellung zu Zielen mithilfe der folgenden Fragestellungen. Sie können sich diese Fragen allein, mit Freunden, Familienmitgliedern oder Kollegen stellen.

	Ja	Nein
? Haben Sie bis jetzt bei Ihrer persönlichen Lebensplanung mit Zielen gearbeitet?	○	○
? Wenn nein, beginnen Sie jetzt damit?	○	○
? Sind Ihre Ziele für Sie und andere Personen transparent und nachvollziehbar?	○	○
? Werden Sie im Alltag an Ihre Ziele erinnert (z.B. durch Visualisierung, Symbole etc.)?	○	○
? Fordern Sie auch im Alltag ein Feedback von Ihren Mitmenschen zur Zielerreichung ein? Geben Sie auch Feedback?	○	○

	Ja	Nein
? Leiten Sie Handlungen konsequent aus Ihren Zielen ab?	○	○
? Sind Sie sich Ihrer Zielkonflikte und -harmonien bewusst?	○	○

Wenn Sie überwiegend mit „Ja" geantwortet haben, haben Ziele in Ihrem Leben einen Stellenwert und dienen Ihrer persönlichen Selbstmotivation. Wichtig ist es, sich immer wieder neue Ziele zu setzen und sich nicht zu lange auf der Zielerreichung „auszuruhen".

Wenn Sie überwiegend mit „Nein" geantwortet haben, sollten Sie sich noch einmal mit der Aufgabe zu Kapitel 3.2.1 beschäftigen. Wichtig ist es, die Ziele verbindlich zu machen. Reflektieren Sie noch einmal Ihre Ziele und unterteilen Sie diese ggf. in weitere Unter- und Teilziele.

4 Ziele und Motive

Verinnerlichen, was man erreichen möchte

Menschen sind motiviert, wenn sie ein Motiv haben – sie sind es aber auch, wenn sie ein Ziel haben. Beide Quellen der Motivation, Motive und Ziele, sind wirksam, beide motivieren uns, sie tun das aber auf verschiedene Weise. Die folgende Aufstellung veranschaulicht den Unterschied zwischen beiden Motivsystemen.

→ Motive gehen eher mit Affekten einher, einige sind sogar angeboren, einige sind nicht bewusst und in der Regel sind sie eher auf kurzfristige Befriedigung ausgelegt.

→ Ziele motivieren längerfristig, sie sind eher bewusst, man hat sie sich in der Regel ausgesucht – und darum ist es eher unwahrscheinlich, dass man angeborene Ziele verfolgt.

Unterschiede zwischen den Motivsystemen	
Motive	**Ziele**
eher affektiv bzw. emotional	eher kognitiv
zum Teil angeboren	nicht angeboren
nicht immer bewusst	bewusst
wollen unmittelbar befriedigt werden	sind längerfristig angelegt

Die Unterschiede zwischen den beiden Motivsystemen gehen noch weiter: Die Ziele, die wir uns wählen, sind weitgehend unabhängig von unseren Motiven. Zum Beispiel wählen genauso viele hoch wie niedrig leistungsmotivierte Menschen leistungsthematische Ziele (Puca & Langens, 2002). Das ist vielleicht insofern sinnvoll, als die Ziele selbst manchmal vernünftige und gute Ziele sind. Allerdings sind die mit den Zielen verbundenen Affekte nicht für jeden die gleichen. Über die gute Leistung freut sich der hoch Leistungsmotivierte mehr als der niedrig Leistungsmotivierte (Brunstein, Schulteiß & Gräßmann, 1998).

Wenn aber die Motivsysteme unabhängig sind, dann heißt das vor allem: Menschen verfolgen nicht unbedingt die Ziele, die auch zu ihren Motiven passen.

Wie oben schon gesagt: Ziele, die Anreize für das Leistungsmotiv bieten, werden von Personen mit hohem und niedrigem Leistungsmotiv gleichermaßen gewählt. Dabei macht es einen großen Unterschied, ob motivkongruente oder motivinkongruente Ziele verfolgt werden.

*WENN DIE ZIELE MIT DEN MOTIVEN ÜBEREINSTIMMEN, DANN BRAUCHT MAN VIEL WE-
NIGER ENERGIE, UM DIESE ZIELE ZU VERFOLGEN.*

Das liegt daran, dass Aufmerksamkeit, Energie und Lernvermögen bereits automatisch auf dieses Ziel gerichtet sind.

Beispiel

Wenn zum Beispiel Ihr Ziel ist, beim Schach zu gewinnen, dann würde
Ihnen ein hohes Leistungs- und vielleicht auch ein hohes Machtmotiv
helfen. Beide Motive können – unter unterschiedlichen Gesichtspunkten – durch den Sieg im Schach befriedigt werden.

Automatisch werden Sie sich daher besser konzentrieren. Sie werden
sich in Ihren Gegner hineinversetzen, ohne noch eigens darüber nachdenken zu müssen, dass dies hilfreich ist. Wenn Sie einen Fehler machen,
werden Sie dies schneller registrieren und effektiver aus diesem Fehler
lernen.

Sie vollbringen hierbei keine Wunderdinge. Sie tun nur, was in Ihren
Möglichkeiten steht. Der Punkt ist aber: Sie müssen sich dabei zu nichts
zwingen. Sie brauchen sich keinen Ruck zu geben, um aufmerksam zu
sein. Es verlangt keine zusätzliche Anstrengung von Ihnen.

Die Sache liegt anders, wenn Sie zu dem Schachspiel gekommen sind,
ohne dass Sie Ihre Leistungsfähigkeit erproben oder sich gegenüber anderen mit einem Sieg aufwerten wollen. Vielleicht haben Sie eher ein
starkes Anschlussmotiv und genießen allenfalls die Geselligkeit mit Ihrem Schachgegner. Die Verhaltensweisen, die Sie dem Ziel des Sieges näher bringen würden, müssen Sie sich in diesem Fall einigermaßen müh-
sam abringen.

Das Ziel zu siegen haben Sie vielleicht trotzdem (das haben Sie bereits,
indem Sie Schach spielen, denn zum Spiel gehört das „Siegenwollen" bereits begrifflich dazu). Vielleicht spielen Sie Ihrem Gegner zuliebe, oder
weil die Gesellschaft, in der Sie sind, gerne Spieleabende veranstaltet.

Demgegenüber haben Ziele, die überhaupt nicht durch ein passendes
Motiv gestützt werden, wenig Reiz und man verfolgt sie nur ungern.

4.1 Was passiert, wenn uns ein Ziel keinen Spaß macht?

Die Trennung der beiden Motivsysteme hat schon insofern einen Sinn, als uns natürlich niemand garantieren kann, dass uns alles, was wir tun müssen, Spaß machen
wird.

An dieser Stelle kommt als weiterer Faktor der „Wille" ins Spiel, im Fachjargon Volition genannt (vgl. z.B. v. Rosenstiel, 2001; Puca & Langens, 2002). Zu vielen Arbeiten treibt uns kein Motiv oder Bedürfnis – wir müssen uns einen Ruck dazu geben, hier ist der Wille behilflich. Was ist also zu tun, wenn das Motiv fehlt? Sie kennen den Rat: „Du musst dich zwingen." Stimmt, das geht. Durch rigide Selbstkontrolle ringen wir uns unliebsame Tätigkeiten ab. Das sollte aber nicht das Einzige sein, was Ihnen einfällt.

Eine abgeschwächte Form der Selbstkontrolle nennt von Rosenstiel (2001, S. 16) Selbstregulation.

SELBSTREGULATION IST DAS MITTEL, DURCH EINEN KOMPROMISS ZWISCHEN UNGELIEBTEN UND BEGEHRTEN ZIELEN DIE UNGELIEBTEN ZIELE DOCH (NOCH) ZU REALISIEREN.

Wenn in Kürze eine Präsentation ansteht, die wirklich nichts bringt und die Sie am liebsten unvorbereitet halten würden, was aber ohne Charts nun wirklich nicht geht – dann könnte es Ihnen helfen, wenn Sie eine Party am selben Abend nicht gleich absagen, sondern sie einfach erst später besuchen. Damit belohnen Sie sich gleichsam für Ihre Arbeit.

Ihre regulatorische Arbeit besteht darin, die angenehmen und unangenehmen Teile aufeinander abzustimmen. Einen Zeitpunkt zu finden, zu dem man noch auf die Party gehen kann, ist wohl nicht gar so schwierig. Die Hauptlast bei der Regulation besteht sicher darin, mit der Arbeit so früh anzufangen, dass die Unterbrechung für die Party nicht das ganze Unternehmen zu Fall bringt.

DIE OBEN ANGESPROCHENEN METHODEN, DAS COMMITMENT ZU STEIGERN, SIND EBENFALLS GEEIGNET, UNS ZU EINEM UNGELIEBTEN ZIEL ZU MOTIVIEREN, OHNE DASS WIR UNS GERADEZU ZWINGEN MÜSSEN.

Wenn Sie zum Beispiel Ihrer Familie sagen, dass Sie jetzt die Charts für diese Präsentation anfertigen werden (also die Verbindlichkeit durch „Veröffentlichung" erhöhen), wenn Sie Vorbereitungen treffen (also erste „Kosten" investieren) und vielleicht sogar ein Opfer bringen – Sie verzichten darauf, an diesem Abend zum Volleyball-Spielen zu gehen –, um Zeit für die Präsentation zu haben, dann können Sie damit Ihre Zielbindung stärken – auch wenn Sie das Ziel nicht lieben.

Wir werden uns im nächsten Kapitel noch weiter mit Aufgaben und Tätigkeiten beschäftigen, zu denen wir so gar nicht motiviert sind. Zuvor allerdings beschäftigen wir uns noch mit einer etwas optimistischeren Perspektive.

→ Praxisanwendung

Folgende Leitfragen helfen Ihnen herauszufinden, in welchem Zusammenhang Ihre Motive und Ziele stehen und wo ggf. Ziele und Motive nicht übereinstimmen:

1. *Überlegen Sie, welche Tätigkeiten auf dem Weg zu Ihrer Zielerreichung (vergleiche Ziele Kapitel 3) Ihnen Freude bereiten und welches eher „unliebsame" Tätigkeiten für Sie sind. Falls es Ihnen schwerfällt, die Tätigkeiten mit den Zielen in Zusammenhang zu bringen, können Sie auch zunächst allgemein überlegen, welche Tätigkeiten Sie gerne umgehen oder aufschieben und welche Tätigkeiten Sie gerne machen (z.B. Sie schreiben gerne Weihnachtskarten an Kunden, Sie umgehen Anrufe bei Kunden, um bei Angeboten nachzufassen etc.).*

2. *Reflektieren Sie in einem zweiten Schritt, wie Sie sich in der Vergangenheit für das Erledigen unliebsamer Tätigkeiten belohnt haben und ob die Aussicht auf die Belohnung Ihnen die Arbeit erleichtert hat (z.B. nach jedem getätigten Anruf holen Sie sich eine Tasse Kaffee).*

3. *Gehen Sie jetzt noch einmal die unliebsamen Tätigkeiten durch und notieren Sie hinter jeder Tätigkeit, wozu diese Ihnen verhilft. Welche Meilensteine werden dadurch erreicht? (Jeder Anruf erhöht die Chance auf das Erteilen eines Auftrages.)*

4.2 Die Bildung von Motiven

Zugegeben: Ziele ohne Motive zu verfolgen und damit Aufgaben zu erledigen, die für das Ziel notwendig sind, aber wirklich keinen Spaß machen – dafür hat der letzte Abschnitt zwar Tipps geboten. Aber so richtig befriedigen diese sicher nicht. Unweigerlich stellt sich die Frage: Kann man Motive erlernen – und damit aus einer ungeliebten Tätigkeit nicht doch noch Befriedigung schöpfen? Die grundsätzliche Antwort der Psychologie lautet: Es geht.

Zunächst ein einfaches Beispiel: Wir bilden unsere Motive durch Gewohnheit. Immer gleiche Verhaltensweisen prägen diese Gewohnheiten, und haben wir einmal lange genug immer dasselbe gemacht, kann uns diese Verhaltensweise zu einem Bedürfnis werden.

Die morgendliche Tasse Kaffee oder Tee und Kuchen am Nachmittag sind für viele Menschen, die daran gewöhnt sind, mehr als nur eine gute Idee – sie sind ein Bedürfnis. Das liegt sicher nicht daran, dass uns der Drang nach Kaffee in die Wiege gelegt wurde. Wir haben uns daran gewöhnt und dadurch das Bedürfnis ausgebildet. Nun werden Sie natürlich einwenden, dass dieses Beispiel hinkt, dass das Bedürfnis nach diesem Konsum ja nicht wirklich schwer zu erwerben ist und in der Regel keine unbefriedigende Tätigkeit darstellt. Das Beispiel soll auch nur das Prinzip erläutern und die Psychologie hält natürlich weitere, authentische Beispiele bereit, von denen nachfolgend eines exemplarisch wiedergegeben wird.

Beispiel zur Gewohnheitsbildung

Als Kind gehörte Robert (der Name wurde geändert) zu seinem eigenen Schaden leider nicht zu den eifrigsten Zähneputzern. Als er nun eine Zahnspange erhalten sollte, bekam er es mit der Angst zu tun. Ihm schwebte (nicht ganz zu Unrecht) vor, dass bei mangelhafter Zahnpflege unterhalb der oft permanent eingesetzten Bänder und Klammern gefährliche Herde von Bakterien entstehen und dort ein höchst erfolgversprechendes Zerstörungswerk beginnen würden. Sein Kieferorthopäde hatte aus einem für medizinische Laien nur schwer nachvollziehbaren Begriff von Ästhetik heraus seine Praxis mit Großaufnahmen von Zahnerkrankungen dekoriert – diese Bilder beflügelten Roberts Fantasie und nährten seine Vorstellung darüber, was sich da alles in seinem Mund abspielen könnte.

In dieser Zeit gewöhnte er sich ein sehr gründliches Zahnputzverhalten an, dessen wichtigstes Element wohl die Regelmäßigkeit ist. Anfangs war die hygienische Pflichtübung noch einigermaßen lästig und nur durch die Schreckbilder aus der kieferorthopädischen Praxis motiviert. Später wurde daraus aber eine Gewohnheit und mit der Gewohnheit kam das Bedürfnis. Worin äußert sich dieses Bedürfnis? Zum Beispiel kann es Robert nicht passieren, dass er das Zähneputzen einfach vergisst. Es kann natürlich vorkommen, dass er keine Zahnbürste dabeihat und nach einer Mahlzeit einmal die Zähne nicht putzen kann. Aber dann liegt das nicht am Vergessen, sondern an den Umständen. Solche Umstände treten aber praktisch sowieso kaum ein, denn da Robert ja das Bedürfnis nach geputzten Zähnen hat, führt er auch fast immer eine Zahnbürste mit sich.

Was ist der Unterschied zwischen Gewohnheit und einer rigiden Selbstkontrolle, von der ich oben gesprochen habe? Bei der Gewohnheit liegt der Akzent auf der Wiederholung des immer gleichen Verhaltens. Hierzu kann durchaus Selbstkontrolle gefordert sein, besonders am Anfang. Robert war ja auch zu Beginn vom Zähneputzen nicht begeistert und musste seinen Willen einsetzen, um die Regelmäßigkeit einzuhalten.

SELBSTKONTROLLE KANN ALSO EINEN TEIL DES WEGES ZUR GEWOHNHEIT PRÄGEN. ABER ANDERE TECHNIKEN WIE SELBSTREGULATION, VORBILDER UND COMMITMENTS EIGNEN SICH EBENFALLS.

Exkurs in die Philosophie: Menschenbilder

Wenn Sie es klassisch lieben, können Sie sich bei der Selbstkontrolle auf Aristoteles (384–322 v. Chr.) berufen. Der antike Philosoph beschäftigt sich in seiner „Nikomachischen Ethik" mit einem Thema, das unserem ähnlich ist. Er will wissen, wie Menschen dazu kommen, Gutes zu wollen und Schlechtes nicht. Wie kommt, aristotelisch gesprochen, der Mensch zur Tugend? Seine Antwort widerspricht manchen Intuitionen: Jedenfalls nicht durch Überlegung und Erkenntnis. Hierdurch wird kaum ein Charakter gebildet. Viel wichtiger ist das Handeln, ist die Erziehung, ist die Übung. In der Nikomachischen Ethik heißt es hierzu: „Die sittlichen Werte dagegen gewinnen wir erst, indem wir uns tätig bemühen. Bei Kunst und Handwerk ist es genauso. Denn was man erst lernen muss, bevor man es ausführen kann, das lernt man, indem man es ausführt ... So werden wir auch gerecht, indem wir gerecht handeln, besonnen, indem wir besonnen, und tapfer, indem wir tapfer handeln" (NE 1103a, nach der Übersetzung von Franz Dirlmeier, 1957). Bringen wir den Gedanken auf folgende Faustregel:

„WER MUTIG WERDEN WILL, DER HANDELE AM BESTEN SO, ALS SEI ER ES SCHON."

Dieser Empfehlung des antiken Denkers haben wir aus heutiger Sicht kaum etwas hinzuzufügen. Es ist ein vielversprechendes Unternehmen, sich selbst, sein Wollen, die eigene Motivation unter den Einfluss der Übung zu stellen. Wie ein Kind durch das Vorbild der Eltern und durch Übung lernt, was wichtig ist, welche Emotionen wann angebracht sind, wann auch einmal Verzicht angesagt ist und wann Verluste wirklich bedeutsam sind, so lernt auch noch der erwachsene Mensch. Diese Prägung kann man nutzbar machen und, anstatt sie dem Zufall zu überlassen, selbst in die Hand nehmen.

Der Zustand, in dem man sich zum richtigen Handeln noch zwingen muss, ist für Aristoteles vorläufig und unvollkommen. Dem griechischen Denker war es offenbar wichtig, dass uns das richtige Wollen in Fleisch und Blut übergeht. Er unterscheidet zwischen jenen, die aus Überzeugung und mit Freude richtig handeln, und jenen, die sich dazu zwingen müssen. Letztere nennt er allenfalls „beherrscht", aber kaum „tugendhaft". Der Beherrschte mag sich auf dem richtigen Weg befinden, ist aber noch unvollkommen. Erst an der völligen Harmonie der inneren Einstellung und des Charakters mit dem richtigen Handeln erkennt man das vollendete Bildungswerk. Hierzu gehören dann auch Lust und Freude, denn schließlich „... [kann] von ‚sittlich wertvoll' überhaupt nicht die Rede sein, wenn jemand keine Freude an edlem Handeln hat: niemand kann als gerecht bezeichnet werden, wenn er nicht Freude hat an gerechtem Tun, und niemand als großzügig ohne Freude an großzügigem Handeln" (NE 1099a).

Hiermit befindet sich Aristoteles in Widerspruch zu „modernen" Auffassungen der Moralphilosophie, die von Immanuel Kant (1724–1804) beeinflusst sind. Auf ihn geht das heutige Verständnis vom Widerspruch zwischen Pflicht und Neigung zurück. Sie merken, worauf diese Argumente für uns hinauslaufen: Halten wir es bei unserer eigenen Motivation eher mit den Kantianern oder den Aristotelikern? Ist unser Ziel eiserne Disziplin und Bekämpfen von widerspenstigen Neigungen oder eine Harmonie zwischen dem, was wir tun sollen, und dem, was wir wollen und uns Spaß macht? Diese Frage kann nur eine rhetorische sein.

Fragen werden Sie sich, ob das aristotelische Ideal eigentlich überhaupt zu verwirklichen ist. Bis zu einem gewissen Grade ist es das tatsächlich, nämlich bis zu jenem, in dem die menschliche Natur nicht unveränderlich festliegt, sondern formbar ist und gebildet werden kann.

Die Konsequenz: Selbsterziehung und Vorbilder

Ob Sie nun den Exkurs in die Philosophie mitgemacht haben oder nicht: Motivbildung erfordert Selbsterziehung. Und wie könnte diese aussehen?

> **→ Aufgabe**
>
> *Getreu dem aristotelischen Motto, dass weniger die Einsicht als die Übung die eigentliche Bildung ausmacht, sollten auch Sie nicht nur nachdenken, sondern auch handeln. Suchen Sie sich Vorbilder!*
>
> → *Wie verhält sich jemand, der wirklich gerne arbeitet? Sie kommen zu dem Schluss, ein solcher Mensch kommt pünktlich? Dann gehen Sie pünktlich los.*
>
> → *Ein solcher Mensch nörgelt nicht an den Arbeitsbedingungen herum? Dann lassen Sie das Nörgeln.*
>
> → *Ein solcher Mensch hilft anderen bei ihrer Arbeit? Tun Sie auch das.*

Diese Ratschläge sind zugegeben noch etwas naiv. Sie beruhen ja auch nicht auf einer sorgfältigen Analyse Ihrer Bedürfnisse und Ihrer konkreten Arbeitsbedingungen und wie schon früher klargestellt: Dieses Buch kann nicht Ihre Ziele inhaltlich vorgeben.

Was zum engagierten Arbeiten gehört, sollte sich eben auch nicht bloß in der Fantasie und abstrakt zeigen. Es sollte vielmehr auch Vorbilder geben, die so handeln und durch ihre Person demonstrieren, dass das Motivationsziel realistisch und erreichbar ist. Versuchen Sie aber nicht bloß, die Einstellungen Ihrer Vorbilder durch Nachdenken zu bekommen. Das ist nicht der Punkt. Handeln Sie so, wie Sie glauben, dass Ihr Vorbild handeln würde.

Die Macht der Situation

Wenn wir hier von Willen und „Volition" sprechen, könnte es den Anschein haben, als sei es nur eine Frage des Willens, ob jemand bei seinen Zielen bleibt oder ob er sich davon abbringen lässt. In dieser Wahrnehmung liegt jedoch die Gefahr, die Macht der Situationen zu unterschätzen.

Einer der stabilsten Urteils- und Wahrnehmungsfehler, zu denen wir neigen, besteht gerade darin, dass wir aus der Außenperspektive Situationen für viel leichter beherrschbar halten, als wir dies in der Situation selbst tun würden. Dieser Fehler äußert sich in zwei Dingen, die für die Motivation wichtig sind:

→ Wir sehen vielfach aufgrund unserer Wahrnehmung Misserfolge anderer Personen tendenziell eher als Ausdruck von Willensschwäche, geringer Anstrengung oder Begabung und nicht so sehr als Folge widriger Umstände an.

→ Genauso werden wir die Unfreundlichkeit oder Nachlässigkeit eines Menschen als Charakterfehler deuten und nicht als verständliches Ergebnis eines schlimmen Tages.

→ Eine weitere Folge dieses fundamentalen Urteils- und Wahrnehmungsfehlers besteht darin, dass wir im Vorhinein die Situationseinflüsse auf uns selbst als zu gering veranschlagen.

→ Wir glauben zum Beispiel, mit genügend Willensanstrengung könne es doch gar nicht so schwer sein, sich aus dem warmen Bett direkt an den Schreibtisch zu begeben oder früh genug von der Fete wieder nach Hause zu gehen oder auch das stinkfaule Mitglied unserer Arbeitsgruppe ins Gebet zu nehmen.

Aber all diese Aufgaben sind durchaus nicht einfach, denn ihnen stehen sehr einflussreiche Situationseinflüsse gegenüber: Ein unglaublich warmes und bequemes Bett, supertolle Gäste auf der Fete oder ein aalglatter, wortgewandter Trittbrettfahrer, der einem Eskimo einen Kühlschrank verkaufen könnte. Aus der Ferne besehen sind das alles keine Bedingungen, an denen die gute Absicht scheitern muss, aber in der konkreten Situation beeinflussen sie unser Verhalten mehr, als wir zugestehen würden. Daher kann man nicht genug betonen:

UNTERSCHÄTZEN SIE NIE DIE MACHT VON SITUATIONEN. DIE KUNST BESTEHT OFT WENIGER DARIN, DIE SITUATION MIT WILLENSANSTRENGUNG ZU BEHERRSCHEN, ALS DARIN, GAR NICHT ERST IN DIE SITUATION HINEINZUKOMMEN.

→ Auf den Punkt gebracht:

✓ Motive und Ziele sind Quellen der Motivation. Ziele sind kaum angeboren, eher kognitiv, bewusst und längerfristig angelegt. Sie müssen nicht mit unseren Motiven übereinstimmen.

✓ Weil Konflikte zwischen dem Motiv- und dem Zielsystem Energie kosten, arbeiten viele Menschen darauf hin, beides in Übereinstimmung zu bringen. Aber wie?

✓ Das entscheidende Mittel ist Selbstregulation, populärer gesagt: den Willen einzusetzen, aber auch Methoden des Selbstmanagements. Hier helfen u.a. wieder Commitments.

✓ Was so modern daherkommt, hat klassische Wurzeln: Schon Aristoteles skizzierte das Bild eines Menschen, dem das richtigeWollen in Fleisch und Blut übergeht. Womit er im Widerspruch zu späteren Moralphilosophen steht, die da eher auf bloße Disziplin setzten.

- ✓ Machbare Selbstdisziplin erfordert Selbsterziehung und Vorbilder. Und da gibt es einen verblüffend einfachen Tipp: Tun Sie einfach, wozu Sie sich entschlossen haben! Fangen Sie einfach sofort an.

- ✓ Aber: Halten Sie sich an die Regel, dass Ziele realistisch bleiben müssen. Das bedeutet hier: Unterschätzen Sie nicht die Macht der Situation. Oft nimmt man Misserfolge anderer falsch wahr oder beurteilt Fehlvermögen falsch und erlebt in der gleichen Situation, dass man deren Einflüsse einfach unterschätzt hat.

→ Praxisanwendung

Mit folgenden Fragen zur Selbstreflexion können Sie herausfinden, welche Gewohnheiten Ihren Alltag prägen und welche Bedürfnisse daraus entstanden sind:

→ *Gehen Sie einen für Sie alltäglichen Tagesablauf durch und reflektieren Sie, welche lieb gewordenen Rituale für Sie bedeutsam sind.*

→ *Ordnen Sie nun den Gewohnheiten die Bedürfnisse zu, die daraus entstanden sind bzw. damit befriedigt werden.*

5 Ankämpfen gegen Widerstände

Die Psychologie des Willens

Bei mir ist es die Steuererklärung. Jedes Jahr dieser Aufwand, das Durchwühlen durch die Belege des letzten Jahres, das Prüfen der Auszüge, das Hinterhertelefonieren, wenn mal ein Beleg fehlt. Dann das Arbeitszimmer tagelang voller Papierstapel und aufgeschlagener Aktenordner. Und jedes Jahr sagen wir uns: Diesmal fangen wir früher damit an, dann ist alles viel einfacher. Meistens wird es dann aber doch wieder so spät, dass wir beim Finanzamt wieder die Fristverlängerung beantragen müssen.

> ### ➜ Aufgabe
>
> *Überlegen Sie: Haben Sie auch eine Beschäftigung wie die Steuererklärung, die zwar notwendig ist, zu der Sie sich aber nur gegen einen inneren Widerstand aufraffen? Bestimmt haben Sie das. Denken Sie dabei ruhig auch an Dinge, die für Sie auf lange Sicht angenehm und erfreulich sind, auf kurze Sicht aber unangenehm und allzu anstrengend erscheinen. Hinter einer Diät, einer Prüfungsvorbereitung oder einem Training winken ja mitunter Ziele, die sehr viel attraktiver erscheinen als ein Steuerbescheid, und trotzdem kann es manchmal Überwindung kosten, sich auf den Weg dorthin zu machen.*

Vielleicht haben Sie ja auch bei der Frage nach der Motivation vor allem an solche Situationen gedacht, nämlich Tätigkeiten, zu denen man sich eigentlich gar nicht aufraffen kann und die einem deshalb ganz besonders schwerfallen. Nun, aus Sicht der Motivationspsychologie könnte man hierzu eine fast schon frustrierend einfache Antwort geben: Sie sind eben nicht stark motiviert. Weder sind die Anreize stark genug (immerhin enthält nicht jeder Steuerbescheid eine große Steuererstattung an Sie) noch besitzen Sie selbst ein besonders starkes intrinsisches Motiv zu der Tätigkeit (Steuerrecht ist eben nur für einige Menschen interessant – aber leider müssen sich alle, also auch wir damit befassen).

Andererseits könnte man nun sagen: Wer einmal eingesehen hat, dass es notwendig und unausweichlich ist (wie die Steuererklärung) oder dass dahinter wirklich attraktive Ziele stehen (z.B. die Traumfigur, Gesundheit, ein guter Berufsabschluss), dem sollte es doch gar nicht schwerfallen, den Weg dorthin zu beschreiten. Wieso scheitern wir denn trotzdem so oft an solchen Aufgaben und wie können wir dem entgegenwirken?

Wieder können wir, wie oben schon (S. 79 f), einen Ausflug in die Philosophie machen. Platon (427–347 v. Chr.) war der Meinung, Menschen würden nur dann das Falsche tun, wenn sie das Richtige nicht erkannt haben (so zum Beispiel in seinem Dialog Protagoras 345d9-e4). Danach würde also Platon sagen: „Menschen essen Torten, obwohl sie nicht gut für sie sind, und sie lassen die Steuererklärung liegen, obwohl ihnen das viel Ärger einhandeln kann, weil sie es nicht besser wissen. Wer das Richtige für sich erkannt hat, handelt auch danach." Platon würde uns also raten: „Denk nach und überlege, ob es wirklich gut ist, die Diät oder das Training zu schwänzen, und wenn du verstanden hast, was dir wirklich nützt, handle danach."

Erneut lohnt sich hier der Blick auf Platons Schüler und Nachfolger Aristoteles. Er hatte nämlich zu diesem Problem eine andere Antwort. Aristoteles gesteht durchaus zu, dass wir manchmal wissentlich und sehenden Auges das Falsche tun. Der Grund dafür liegt für ihn in unserer Willensschwäche (griechisch „Akrasia") oder Unbeherrschtheit (siehe hierzu vor allem Buch VII der Nikomachischen Ethik). Aristoteles würde also sagen, dass die Erkenntnis allein nicht reicht.

ES MUSS ETWAS HINZUKOMMEN, DAS UNSER VERHALTEN IN DIE RICHTUNG LENKT, DIE WIR ALS RICHTIG ERKANNT HABEN, UND DAS ES DANN AUF DER SPUR HÄLT.

Darum soll es auch im Folgenden gehen, nämlich nicht in erster Linie um Motivation im Sinne von „Begeisterung", sondern um die willentliche Kontrolle unseres Verhaltens auch gegen Widerstände.

5.1 Sich aufraffen und die Würfel fallen lassen

Im Jahr 49 vor Christus kehrte der siegreiche Feldherr Julius Caesar aus Gallien zurück nach Rom. Er durfte nicht mit uneingeschränkter Freude über seine Rückkehr rechnen: Die römischen Senatoren befürchteten nicht zu Unrecht, dass Caesar nach seinen Erfolgen hohe politische Ziele verfolgte. Um ihn davon abzuhalten, forderten sie ihn auf, Teile seiner Truppen aufzulösen. Stattdessen marschierte Caesar mit seinem gesamten Heer auf Rom zu. Der kleine Fluss Rubikon markierte damals die Grenze des italienischen Kernlandes zur Provinz Gallia Cisalpina. Hier war der Punkt, wo sich Caesar noch einmal hätte besinnen können. Das Überschreiten des Rubikons galt als Angriff auf Rom und löste denn auch einen Bürgerkrieg aus. Keine leichte Entscheidung also, die Caesar damals am Ufer des Grenzflusses traf. Seine Worte beim Überschreiten des Rubikons markieren sprichwörtlich den Moment bei einer Entscheidung, von dem es kein Zurück mehr gibt: „Alea jacta est", „Der Würfel ist gefallen (bzw. wörtlich: ‚geworfen')".

Ignorieren Sie die aggressiven und kriegerischen Beiklänge dieses Beispiels, dann zeigt uns Caesar hier im Grunde, wie man es machen sollte: Wenn du dich entschlossen hast, tu es. Setze deine Absicht in die Tat um. Wir haben oben schon angedeutet, dass das nicht immer einfach ist und dass es noch lange nicht ausreicht, eine Sache als richtig anzusehen oder einen Entschluss gefasst zu haben.

Aber was hilft denn erfahrungsgemäß beim Umsetzen von Absichten in die Tat? Mit dieser Frage befasst sich die Willenspsychologie (für einen Überblick siehe z.B. Goschke, 2002). Aus den Forschungen dieser Denkrichtung werden wir uns im Folgenden bedienen.

> → **Praxisanwendung**
>
> *Folgende Leitfragen helfen Ihnen, Transparenz über Ihre Widerstände zu erhalten:*
>
> → *In welchen Situationen entstanden für Sie in der Vergangenheit Widerstände? Denken Sie z.B. an Anlässe wie Feiern, Familienrituale, Tätigkeiten im Haushalt oder am Arbeitsplatz, Situationen wie z.B. Prüfungen, in der Öffentlichkeit usw.*
>
> → *Wie sind Sie damit umgegangen? Haben Sie z.B. Dinge aufgeschoben, sich abgelenkt oder das Anstehende in kleinen Schritten erledigt?*
>
> → *Welche der genannten Widerstände sind wiederkehrend? Denken Sie z.B. an jährliche oder monatliche Ereignisse und Aufgaben wie die Rede zur Weihnachtsfeier oder räumliche oder personengebundene Aufgaben wie das Rasendüngen etc.*

5.2 Bewusstseinslagen

Menschen denken sehr unterschiedlich, je nachdem, ob sie diesseits oder jenseits des Rubikons stehen. Vor dem endgültigen Entschluss zu einer Handlung ist man sehr offen für alle möglichen Informationen. Man fragt sich ernsthaft, ob ein Ziel überhaupt wünschenswert und realisierbar ist. Vor- und Nachteile werden unparteiisch abgewogen und die Realisierungschancen werden realistisch gesehen. Dann fasst man den Entschluss, überschreitet den Rubikon – und das Denken ändert sich: Plötzlich nimmt man nicht offen alle Möglichkeiten auf, sondern beachtet vor allem solche Informationen, die zum Ziel passen. Dadurch ist man auch deutlich weniger ablenkbar. Besonders wichtig erscheint aber der folgende Unterschied:

DENKEN WIR VOR DER ENTSCHEIDUNG NOCH ANALYTISCH UND PRÄZISE, SO SETZEN WIR NACH DER ENTSCHEIDUNG DIE ROSA BRILLE AUF UND WERDEN OPTIMISTISCH.

Zum Beispiel räumen Glücksritter auf der Pferderennbahn einem Pferd weit größere Gewinnchancen ein, kurz nachdem sie darauf gewettet haben, als kurz bevor sie darauf wetten (Knox & Inkster, 1968). Objektiv ist das nicht zu rechtfertigen, immerhin ändert sich in diesen wenigen Sekunden an den tatsächlichen Gewinnchancen des

Pferdes nur noch wenig. Aber auch hier wird ein Rubikon überquert, es werden Fakten geschaffen und mit diesen Fakten arrangiert man sich am besten, indem man nun vor allem das beachtet, was zum Unabänderlichen passt.

Warum ist das so, welche Funktion hat der Optimismus jenseits des Rubikons? Ist er eigentlich gerechtfertigt? Die Antwort auf die Frage fällt unterschiedlich aus, je nachdem, ob Sie sie pragmatisch meinen oder ganz objektiv.

Fragen Sie einmal andere danach, welche Merkmale sie bei sich selbst sehen. Sie werden feststellen, dass die meisten Menschen sich für einigermaßen nett, gut und intelligent halten. Das ist – so werden Sie vielleicht einwenden – noch kein Beweis für eine ins Positive verzerrte Wahrnehmung. Wie steht es aber mit Folgendem: Die meisten von uns glauben überdies, sie seien mit diesen positiven Merkmalen überdurchschnittlich ausgestattet (zusammenfassend Myers, 1988, S. 91). Das ist nun allerdings gewagt und enorm übertrieben, denn es liegt auf der Hand, dass genau die Hälfte aller Menschen netter und intelligenter sein muss als die andere Hälfte. Es kann nicht mehr als genau die Hälfte einer Gruppe über dem Durchschnitt der Gruppe liegen. Dass trotzdem weit mehr als die Hälfte von beliebigen befragten Personen glaubt, sie lägen über dem Durchschnitt, zeigt, dass das Urteil über die eigene Person offenbar deutliche Schlagseite hat.

Ein anderes Beispiel: Sie wissen, dass etwa jede dritte Ehe durch Trennung oder Scheidung enden wird. Stellen Sie sich nun vor, jemand befragt am Tag der Hochzeit Paare nach den Erfolgsaussichten ihrer Beziehung. Was darf man in einer solchen Situation für eine Antwort erwarten? Rein sachlich sollten die Partner die Wahrscheinlichkeit einer Trennung auf etwa 30 Prozent schätzen. Würden Sie eine solche Antwort erwarten? Wohl kaum. Die meisten werden wohl sagen, dass sie sich nie trennen werden und dass ihre Ehe zu den erfolgreichen gehören wird.

Das Gleiche dürfen Sie erwarten, wenn Menschen ein Unternehmen gründen oder sich selbstständig machen: Es gibt eine bestimmte Zahl von Unternehmenspleiten und Insolvenzen. Ohne nähere Informationen bildet diese Zahl natürlich auch bei Neugründungen die beste Grundlage, um die Wahrscheinlichkeit des Gelingens zu schätzen. Wenn Sie nun Unternehmer nach den Erfolgsaussichten ihres Unternehmens fragen, werden die meisten die Statistiken ignorieren und erklären, dass sie sicherlich Erfolg haben werden. In beiden Fällen ist der Optimismus mit Sicherheit illusionär. Am Ende wird sich unter den getrennten Partnern und gescheiterten Unternehmern eine Menge derer wiederfinden, die sich zuvor ein Scheitern nicht haben vorstellen können.

Soll das aber heißen, die Partner oder Unternehmer wären irgendwie besser dran, wenn sie ihre Erfolgsaussichten realistischer einschätzen? Das glauben Sie sicher nicht. Was würde man schon von einer Ehe erwarten, bei der die Partner bereits bei der Hochzeit sagen: „Vielleicht trennen wir uns, vielleicht nicht"? Vermutlich gehen wir davon aus, dass das realistische Nachdenken über eine Trennung eher ein Zeichen der Auflösung als ein Signal für die Stabilität der Beziehung ist (und damit hätten wir auch gar nicht so unrecht, siehe z.B. Brandtstädter & Felser, 2003).

Für den Erfolg spricht sicherlich eher eine hohe Zuversicht, mit der das Unternehmen in Angriff genommen wird – und sei diese Zuversicht auch noch so unrealistisch. Tatsächlich zeigt sich zum Beispiel, dass es eher eine Sache der Misserfolgsängstlichen und Depressiven ist, Erfolgschancen genau und realistisch einzuschätzen (Alloy & Abramson, 1979, siehe Abb. unten). Ebenso ist es eher eine Eigenschaft belasteter und unzufriedener Paare, die positiven und negativen Anteile im Verhalten des anderen genau zu erkennen und zu analysieren (Noller, Beach & Osgarby, 1997).

Depressiver Realismus: Eine verzerrte Realitätswahrnehmung ist nicht etwa besonders bei Depressiven, sondern eher bei „normalen" und unauffälligen Personen zu beobachten.

Und was machen die Erfolgszuversichtlichen und die Zufriedenen? Sie tragen „rosarote Brillen", sie verzerren Chancen und Verhaltensweisen systematisch ins Positive.

EIN GEWISSES MASS AN REALITÄTSVERKENNUNG UND EINE MILDE ÜBERTREIBUNG DER EIGENEN CHANCEN SIND DURCHAUS NÜTZLICH UND VERMUTLICH EHER „GESUND" ALS EIN PENIBLER REALISMUS.

5.3 Strategien der Handlungskontrolle

Was tun Menschen, wenn sie ein Ziel erreichen wollen, das vielleicht nicht ganz ohne Widerstände zu erreichen ist? Die folgenden Strategien sind hierbei nützlich (zum Überblick Goschke, 2002, S. 293ff):

Umweltkontrolle

Der erste wichtige Schritt besteht darin, die Umwelt so zu gestalten, dass sie uns gar nicht erst in „Versuchung" führt. Schaffen Sie für Ihre Diät die großen Versucher aus dem Blickfeld. Schalten Sie für die Arbeit an der Steuererklärung die großen Ablenker aus, zum Beispiel das Telefon oder das E-Mail-Programm, das immer wieder interessante Mails der Freunde und Kollegen meldet. Erinnern Sie sich dazu an den fundamentalen Urteilsfehler von oben: Wir haben eine natürliche, aber fatale Neigung, die Bedeutung der Umwelt zu unterschätzen. Ablenkungen und Versuchungen kommen aus der Umwelt und Sie können sich darauf verlassen: Aus der Ferne unterschätzen Sie sie meist.

VERSUCHEN SIE ALSO NICHT, EINE SITUATION ZU BEHERRSCHEN, WENN SIE IHR EBENSO GUT VON VORNHEREIN AUS DEM WEG GEHEN KÖNNEN.

Aufmerksamkeitskontrolle

Der vermutlich wichtigste Kontrollmechanismus besteht darin, die Aufmerksamkeit auf alles auszurichten, das zum Ziel passt, und Unpassendes auszublenden. Hier hilft uns unser menschlicher „Bauplan": Ihre Absichten sorgen bereits auf automatischer unbewusster Ebene dafür, dass Sie vor allem die Informationen beachten, die zu Ihrer Absicht passen (z.B. Goschke & Kuhl, 1996). Diesen Automatismen kann man auch nachhelfen. Eine kritische Rolle spielt hierbei die Sprache:

TATSÄCHLICH ERLEICHTERT DAS INNERE VORSPRECHEN VON INSTRUKTIONEN (Z.B. „ICH WERDE MICH JETZT ERST MAL AUF DIE VERBRAUCHSABRECHNUNG KONZENTRIEREN") DIE ZIELERREICHUNG NACHWEISLICH.

Encodierungskontrolle

Der Begriff „Encodierung" bezeichnet das „Einspeichern" neuer Informationen. Sie merken sich üblicherweise eher die Merkmale aus Ihrer Umwelt, die zu Ihrer Absicht passen. Dies ist in einer Hinsicht günstig, in einer anderen aber auch nicht: Ihre gesteigerte Aufmerksamkeit für relevante Informationen macht Sie nämlich auch anfällig gegenüber Störungen. Und zwar können Sie vor allem durch solche Umweltmerkmale gestört werden, die viel mit der aktuellen Aufgabe gemeinsam haben, auch wenn sie für diese Aufgabe irrelevant sind.

Bei der Steuererklärung lenkt Sie daher die Mathe-Aufgabe Ihres Sohnes sehr viel stärker ab als zum Beispiel das Lied, das gerade im Radio läuft. Umgekehrt stört das Lied stärker, wenn Sie gerade dabei sind, ein Musikstück einzustudieren.

SO GESEHEN SIND DIE MÖGLICHEN ‚ABLENKER' UNTERSCHIEDLICH ZU BEWERTEN: JE NÄHER SIE AN IHRER AUFGABE DRAN SIND, DESTO MEHR STÖREN SIE.

Motivationskontrolle

Üblicherweise werden die Ziele, für die wir uns entschieden haben, nach dem Entschluss attraktiver als andere, die wir verfolgen könnten, gegen die wir uns aber entschieden haben. Dieser Mechanismus ist sehr wichtig, denn er verstärkt die Motivation und erhält sie aufrecht.

UMGEKEHRT HEMMT ES UNS, WENN WIR AUCH NACH DEM ENTSCHLUSS NOCH WEITER AN DIE VORTEILE DER NICHT GEWÄHLTEN OPTIONEN DENKEN. BLENDEN SIE DIESES DENKEN ALSO AUS.

Menschen sind in unterschiedlichem Grade dazu in der Lage, daher müssen wir uns unten noch einmal mit diesem Thema beschäftigen (siehe 5.5).

Emotionskontrolle

Gute Stimmung fördert die Zielerreichung. In guter Stimmung ist man eher bereit, eine Aufgabe in Angriff zu nehmen und etwas zu leisten, und man grübelt weniger über vergangene Misserfolge. Eine Möglichkeit zur Stimmungs- und Emotionskontrolle haben Sie weiter oben unter dem Begriff „Embodiment" kennen gelernt (vgl. Kap. 2.4). Für weitere Strategien gilt die generelle Empfehlung: Achten Sie im Alltag darauf, was Ihnen positive Gefühle bereitet, sammeln Sie diese Situationen, versuchen Sie, die Gefühle darin auszukosten, und führen Sie diese Situationen nach Möglichkeit herbei. Es gibt eine ganze Reihe von Situationen, die hierbei vermutlich vielen Menschen einfallen und die demnach generell positive Stimmungen auslösen, zum Beispiel Urlaubserlebnisse, Erfolg, Begegnungen mit der Natur, schöne Begebenheiten in der Familie. Lassen Sie mich hier nur einen Punkt ergänzen, der Ihnen vielleicht nicht als Erstes eingefallen ist, obwohl Sie damit relativ zuverlässig gute Stimmung erzeugen können: jemandem helfen (z.B. Salovey, Mayer & Rosenhan, 1991).

WIE ES SCHEINT, IST DAS GEFÜHL, JEMAND ANDEREM ETWAS GUTES GETAN ZU HABEN, SEHR BEFRIEDIGEND FÜR UNS UND HEBT UNSERE STIMMUNG, UMSO MEHR NATÜRLICH, WENN WIR DIE DANKBARKEIT DES ANDEREN UNMITTELBAR MITERLEBEN.

→ Praxisanwendung

In Kapitel 5.1. haben Sie Situationen benannt, in denen Widerstände auftreten. Mit den folgenden Leitfragen können Sie reflektieren, welche der im Kapitel 5.3 beschriebenen Strategien Ihnen helfen bzw. geholfen haben, trotz Widerständen zu handeln. Suchen Sie sich ein bis zwei der genannten Situationen heraus und notieren Sie die Antworten für folgende Fragen hinter der Situation:

? *Umweltkontrolle: Welche Versuchungen müssen Sie ausblenden, um in der Situation zu handeln?*

? *Aufmerksamkeitskontrolle: Worauf müssen Sie Ihre Aufmerksamkeit richten, um zu handeln?*

? *Encodierungskontrolle: Welche Informationen lenken Sie eher davon ab, Ihre Ziele zu erreichen?*

? *Motivationskontrolle: Welche Vorteile bietet Ihnen eine konkrete Entscheidung in dieser Situation?*

? *Emotionskontrolle: Wie können Sie in der Situation eine positive Stimmung schaffen?*

5.4   Perfektionismus als Hemmschuh

„It's got to be perfect – too many people take second best, but I won't take anything less." Kennen Sie noch den Titel der Band Fairground Attraction von 1988? Nettes Lied, aber eine schlechte Lebenseinstellung.

PERFEKTIONISMUS MACHT MENSCHEN NICHT GLÜCKLICH, IM GEGENTEIL.

Wer immer versucht, aus einer Situation das Bestmögliche herauszuholen, ist weniger mit seinem Leben zufrieden und weniger optimistisch, erlebt weniger Glücksgefühle, ist dafür häufiger depressiv und neigt generell zu negativer Verstimmung (Schwartz et al., 2002). Das ist auch naheliegend, denn die Suche nach dem Bestmöglichen setzt ja praktisch ständig unter Druck. Woher soll ich schließlich wissen, dass ich die Suche abbrechen kann, weil ich das Maximum nun erreicht habe? Könnte nicht alles noch besser sein, als es ohnehin ist? Und wenn es besser sein könnte und es in meiner Macht steht, das auch herbeizuführen, sollte ich das dann nicht auch tun? Das sind ungefähr die Gedanken, die den Perfektionisten in sein Unglück führen.

Sie merken vielleicht schon: Es ist nicht nur eine Frage von Glück und Zufriedenheit, sondern auch von effektiver Zielerreichung, dass wir unsere Handlungen und Entscheidungen nicht endlos optimieren, sondern irgendwann mit dem zufrieden sein sollten, was wir haben. Die Suche nach dem Bestmöglichen lähmt die Perfektionisten ja auch. Sie schieben Entscheidungen vor sich her, weil sie Angst haben, sie könnten sie bereuen. Wenn sie dann einmal eine Entscheidung getroffen, den Schritt über den Rubikon gewagt haben, denken sie viel zu lange über nicht realisierte Alternativen nach – ob es nicht doch besser gewesen wäre, sich anders zu entscheiden oder noch länger zu überlegen. Das hemmt sie bei der Erreichung ihrer Ziele.

Und wie wird man glücklicher? Viele Menschen fahren hervorragend mit folgender Entscheidungsstrategie:

> ### → Aufgabe
>
> → *Überlegen Sie, was Sie erreichen wollen, prüfen Sie die Möglichkeiten und wählen Sie die erste, die Ihren Wünschen entspricht. Diese Wahl stellen Sie nicht mehr weiter infrage. Stattdessen widmen Sie sich jetzt anderen Themen. Zum Beispiel bei der Urlaubsplanung: Sie finden ein Reiseziel oder eine Unterkunft, zu der Sie sagen: „Das könnte mir gefallen." Na bitte, dann buchen Sie halt. „Aber es könnte doch Unterkünfte geben, die noch ein bisschen besser gelegen oder ein bisschen günstiger sind." – „Ja, kann schon sein. Die wähle ich dann vielleicht beim nächsten Mal. Für dieses Mal hab ich mich entschieden."*
>
> → *Reflektieren Sie, wann Sie zuletzt eine Entscheidung nicht getroffen haben bzw. eine Chance nicht ergriffen haben, weil Sie darauf gewartet haben, eine noch bessere Idee, ein noch besseres Angebot etc. zu erhalten. Nennen Sie drei Beispiele.*
>
> → *Reflektieren Sie im Anschluss, welche Vorteile Sie in diesen Situationen gehabt hätten, wenn Sie „sofort" gehandelt hätten. Oft ist es so, dass die „Rechnung" nicht aufgeht und man beim Warten auf ein noch besseres Angebot – z.B. Urlaubsreisen, Sonderangebote, noch bessere Technik etc. – eine gute Chance verpasst.*

Diese beiden Entscheidungsstrategien werden in der Literatur als Maximieren und Zufriedenstellen (maximizing vs. satisficing, siehe Schwartz et al., 2002) bezeichnet. Beim Maximieren streben Sie nach der bestmöglichen und beim Zufriedenstellen nach einer zufrieden stellenden Lösung. Menschen neigen gewohnheitsmäßig eher zu der einen oder eher zu der anderen Strategie. Insofern ist es für Sie wichtig zu erkennen, zu welcher Strategie Sie besonders neigen. Fragen Sie sich daher bei der oben beschriebenen Situation, welcher der Gedanken Ihnen selbst vertrauter ist.

WENN SIE SICH HÄUFIG BEI DER SUCHE NACH NOCH BESSEREN ALTERNATIVEN BEOBACHTEN (EIN KLEIDUNGSSTÜCK, DAS NOCH BESSER PASST, EIN NOCH BESSERES FERNSEHPROGRAMM ALS DAS AKTUELLE ...), KÖNNTE DAS EIN HINWEIS SEIN, DASS SIE HIER EINEN PERFEKTIONISMUS PFLEGEN, DER SIE IN VIELEN SITUATIONEN HEMMEN KANN UND DER SIE OBENDREIN NICHT GLÜCKLICH MACHT.

Seien Sie dann lieber einmal ein Caesar, indem Sie sagen: Die Würfel sind gefallen, die Entscheidung ist getroffen, die gegebenen Umstände sind Fakt und mit denen arbeiten wir jetzt weiter.

→ **Praxisanwendung**

Stellen Sie sich folgende Leitfragen:

→ *Wo zeigt sich Ihr Perfektionismus im Alltag? Schreiben Sie zwei Situationen auf, in denen Ihrer Meinung nach Ihr Perfektionismus am deutlichsten spürbar ist (z.B. ein sehr intensives Arbeiten an dem Layout einer Präsentation etc.).*

→ *Wie reagiert Ihre Umwelt darauf? Beschreiben Sie kurz die Reaktion (z.B. ungeduldig, verständnisvoll, drängend etc.) beteiligter Personen.*

→ *Überlegen Sie nun, was passiert wäre, wenn Sie in den von Ihnen beschriebenen Situationen nicht „perfekt" gewesen wären. Hätten Sie dann beispielsweise eine Präsentation eher fertig gestellt oder mehr Zeit für die inhaltliche Ausgestaltung oder eine Generalprobe gehabt?*

5.5 Handlungs- und Lageorientierung

Caesars Ausspruch charakterisiert eine Grundhaltung, die darin besteht, dass der Mensch nicht nur denkt, sondern auch handelt. Caesar war so ein Mensch, ein Macher, im Gesicht die gesunde „Farbe der Entschließung", nicht „angekränkelt von des Gedankens Blässe", wie wir es von einem anderen berühmten Protagonisten kennen. Als Gegenfigur zu Caesar verkörpert Shakespeares Hamlet, der Dänenprinz, das andere psychologische Extrem wie kaum ein Zweiter. In einem der größten Dramen der Weltliteratur demonstriert Hamlet fünf Akte und annähernd vier Stunden lang, welche Gedanken und Bewusstseinslagen damit einhergehen, dass man nicht in die Puschen kommt.

In einer neueren Terminologie von Julius Kuhl (siehe z.B. Kuhl & Beckmann, 1994) ist Caesar der Prototyp des Handlungsorientierten, während Hamlet eine Lageorientierung verkörpert. Wenn Menschen lageorientiert sind, dann verharren sie übermäßig lange vor dem Rubikon, denken zwar intensiv über ihre Absichten nach, finden aber immer wieder Gründe, sie jetzt noch nicht umzusetzen. Leider geht dieses Zögern auch gleichzeitig mit einer negativen Stimmung einher. Die folgende Übersicht fasst einige weitere Merkmale der Lageorientierten zusammen (vgl. Goschke, 2002, S. 299f).

> ## Besondere Merkmale lageorientierter im Vergleich zu handlungsorientierten Personen
>
> Lageorientierte
>
> → übersehen häufiger günstige Gelegenheiten zur Ausführung einer Absicht,
> → nehmen sich häufiger etwas ganz anderes vor, als sie dann tatsächlich tun,
> → verharren eher bei unattraktiven Tätigkeiten, selbst wenn es problemlos möglich wäre, auf attraktive zu wechseln,
> → vergessen eher, auch kleine Aufgaben zu erledigen,
> → grübeln länger über unerledigte Aufgaben oder Misserfolge
>
> als Handlungsorientierte.

Lageorientierte haben nicht nur ein Problem damit, sich im richtigen Augenblick zum Handeln zu aktivieren. Erfolgreiche Handlungsregulation besteht ja auch darin, an den richtigen Stellen Informationen zu hemmen und Reaktionen zu unterdrücken, und auch damit haben Lageorientierte Probleme. Drei Beispiele hierzu:

→ Handlungsorientierten gelingt es, eine Absicht gedanklich auszublenden, wenn sie für den Moment nicht relevant ist. Das ist zum Beispiel dann der Fall, wenn sie im richtigen Moment ohnehin daran erinnert werden. Lageorientierte Menschen dagegen halten ihre Absichten praktisch permanent aktiv, also auch dann, wenn es eigentlich sinnvoller wäre, in diesem Moment an etwas anderes zu denken (Goschke & Kuhl, 1996).

→ Lageorientierte denken viel länger über Misserfolge und unerreichte Ziele nach als Handlungsorientierte. Daher sind sie auch viel mehr als Handlungsorientierte durch einen Misserfolg zu beeinträchtigen: Ihre Leistung lässt dann in den Folgeaufgaben deutlich stärker nach als bei Handlungsorientierten (Kuhl & Weiß, 1994).

→ Handlungsorientierte werten typischerweise die Ziele auf, die sie gewählt haben, und blenden die Vorteile anderer möglicher Ziele aus. Das gelingt Lageorientierten deutlich schlechter. Sie werten eine gewählte Option nicht unbedingt nach der Wahl auf. Vielmehr denken sie auch jenseits des Rubikons weiterhin über die Vorteile von Handlungsweisen nach, die eigentlich nicht mehr realisierbar sind (Beckmann & Kuhl, 1984, zit. n. Goschke, 2002, S. 296).

Mit anderen Worten: Handlungsorientierte können nicht nur besser aktivieren, sie können auch besser hemmen und unterdrücken, denn sie unterdrücken erfolgreich Gedanken an

→ Absichten und Ziele, die aktuell nicht relevant sind,
→ Misserfolge und unerreichbare Ziele,
→ die Vorzüge von Zielen und Optionen, für die sie sich nicht entschieden haben.

Lageorientierung ist nicht immer schlecht, schließlich ist sie ein Hauptmerkmal der Phase vor dem Rubikon, die ja für den Handlungserfolg nicht unwichtig ist. Wo sie aber ein stabiles Merkmal unserer Persönlichkeit geworden ist, hemmt sie uns.

> ### → Aufgabe
>
> *Um zu prüfen, inwieweit Sie gewohnheitsmäßig eher handlungs- oder eher lageorientiert sind, könnten Sie überlegen, wie viele der folgenden Aussagen auf Sie selbst zutreffen würden (in Anlehnung an Kuhl, 1983). Ein Ja würde jeweils auf eine Handlungsorientierung deuten.*
>
> → *Nach einer langen vergeblichen Suche kann ich mich leicht auf etwas anderes konzentrieren.*
>
> → *Wenn ich einmal nichts Besonderes zu tun habe, finde ich schnell eine interessante Beschäftigung.*
>
> → *Einer schwierigen und umfangreichen Arbeit kann ich leicht auch angenehme Seiten abgewinnen.*
>
> → *Auf eine Arbeit kann ich mich meist gut konzentrieren, ohne dabei immer wieder auf andere Tätigkeiten auszuweichen.*
>
> → *Bis ich eine wichtige Aufgabe in Angriff nehme, vergeht meist nicht viel Zeit.*
>
> → *Heftige Kritik lähmt mich nicht – normalerweise kann ich mich danach leicht auf etwas anderes konzentrieren.*
>
> → *Wenn ich von zwei interessanten Möglichkeiten eine aussuchen musste, kann ich mir die andere, nicht gewählte leicht aus dem Kopf schlagen.*

Lesen Sie diese Liste nicht wie einen „Psycho-Test". Tatsächlich ist sie zwar einem echten Test nachempfunden (dem HAKEMP 90 von Kuhl, o.J., den Sie unter diesem Namen auch im Internet finden), aber es ist eben nur ein kleiner Ausschnitt, bei dem es noch nicht viel aussagt, wie oft Sie zu einer Aussage sagen können, dass sie auf Sie zutrifft.

Wichtiger ist an dieser Liste, dass sie Ihren Blick schärft für Alltagssituationen, die Zeichen für ein problematisches Verhalten enthalten, so etwa die Angewohnheit, selbst bei einem interessanten Zeitungsartikel immer wieder die Lektüre zu unterbrechen und andere Artikel anzufangen, oder das übermäßig lange Nachgrübeln über den Lieblingsgegenstand, der leider zerbrochen ist. An diesen Denk- und Verhaltensweisen müssen Sie ansetzen, wenn Sie Ihre Selbstkontrolle verbessern wollen.

5.6 Bedingungen einer erfolgreichen Selbstregulation

Ob Sie die oben genannten Strategien wirklich erfolgreich umsetzen können, sodass aus Ihren Entschlüssen tatsächlich Handlungen werden, hängt von drei Bedingungen ab (Baumeister, 2002):

→ Zielen und Standards,
→ Überwachung und
→ Ihren Kräften.

5.6.1 Ziele und Standards

Ihre Selbstkontrolle funktioniert nicht, wenn Sie dafür gar kein Ziel haben. Was wir schon für die Motivation gesagt haben, gilt genauso, ja vielleicht noch mehr, für die Selbstkontrolle: Sie müssen ein Ziel haben, Sie müssen sozusagen „wissen, warum Sie das Ganze überhaupt machen". Solche Ziele können weit gesteckte Visionen sein, etwa das Idealgewicht bei der Ernährung oder eine bestimmte Qualifikation in Ausbildung oder Beruf. Aber auch sehr simple Orientierungspunkte erleichtern die Selbstkontrolle: Zum Beispiel kann eine Einkaufsliste bereits dabei helfen, dass Sie nicht mehr so viele ungeplante Einkäufe mit nach Hause bringen, wie wenn Sie einfach nur – ohne ein bestimmtes Ziel – „bummeln gehen".

SELBSTBEHERRSCHUNG IST KEIN SELBSTZWECK, ALSO MACHEN SIE SICH KLAR, WOZU SIE SIE BRAUCHEN.

Das ist beim Beispiel „Steuererklärung" und vielleicht auch bei der Diät noch relativ einfach. Aber auch die Beherrschung Ihrer Emotionen, z.B. die Unterdrückung Ihres Ärgers, gelingt Ihnen wesentlich besser, wenn Sie dabei ein Ziel haben. Ein solches Ziel könnte etwa bei einer ärgerlich verlaufenden Besprechung mit einem Kollegen lauten: „Ich möchte diese Interaktion so beenden, dass es beim Abschied für einen höflichen Händedruck reicht."

5.6.2 Überwachung

Selbstkontrolle braucht Überwachung. Das bedeutet: Sie müssen sehen, wo Sie gerade stehen und wie weit Ihre Ziele erreicht wurden oder gefährdet sind. Auch diesen Gedanken kennen wir schon aus dem Thema Motivation: Dort haben wir von „Feedback" und „Rückmeldung" gesprochen.

Überwachung kann in einer genauen Buchführung darüber bestehen, was Sie bereits geleistet haben oder bis zu welchem Grade Sie sich noch „kontrollieren" müssen. Aber der Nutzen der Überwachung zeigt sich auch in ganz einfachen, deutlich weniger aufwendigen Dingen: Wer zum Beispiel beim Naschen das Einwickel-Papier für die Schokoriegel auf dem Tisch liegen lässt, weiß die ganze Zeit über, wie viel er schon gegessen hat. Für den ist die Überwachung leichter und er isst auch tatsächlich weniger als ein anderer, der jede Verpackung sofort entsorgt hat. Vielleicht kennen Sie auch das Problem, dass Sie an einem Abend mal nicht so viel trinken wollen, doch der vorsorgliche Gastgeber schenkt Ihnen immer ins halb volle Glas nach. So nett diese Geste ist, sie untergräbt die Überwachung, denn so verlieren Sie völlig aus dem Auge, wie viel es denn nun war und was Sie sich noch erlauben möchten.

Ein anderes Beispiel: Menschen geben mehr ungeplant aus, wenn sie nicht sehen, wie das Geld immer weniger wird, etwa beim Zahlen mit Karte oder beim Internet-Einkauf. In der Tat: Das Barzahlen hat den enormen Vorteil, dass damit die Verhaltens-überwachung und infolgedessen auch die Selbstkontrolle deutlich einfacher ist – eine weitere Möglichkeit im Alltag dafür zu sorgen, dass Sie das, was Sie sich vorgenommen haben, auch einhalten.

> ## → Aufgabe
>
> *Sorgen Sie dafür, dass die Ergebnisse Ihres Tuns nicht im Verborgenen bleiben. Das heißt, machen Sie sich selbst deutlich,*
>
> → *wie viel Sie gegessen oder getrunken haben, wenn Sie Essen oder Trinken regulieren wollen (etwa im Rahmen einer Diät),*
>
> → *wie viel Sie schon ausgegeben haben, wenn Sie Ihre Ausgaben regulieren wollen,*
>
> → *was Sie schon erledigt haben und was noch zu erledigen ist, wenn Sie die Erledigung einer Aufgabe regulieren wollen ...*

Sie können dies natürlich erreichen, indem Sie Buch führen. Es gibt aber auch andere Möglichkeiten. Zum Beispiel hilft es bereits, wenn Sie die Sahne-Joghurts im Kühlschrank immer an einer bestimmten Stelle haben und dort sehen, wie viele es noch sind. Wenn Sie sie dann aufstocken, nehmen Sie eine festgelegte Zahl und tun dies an einem bestimmten Tag in der Woche, dann bleibt der Überblick erhalten. Dagegen geht der Überblick verloren, wenn Sie Ihre Vorräte immer dann ergänzen, wenn sie zur Neige gehen, völlig unabhängig davon, wie intensiv Sie zuvor darauf zugegriffen haben.

5.6.3 Kraft

Selbstkontrolle braucht Kraft – muten Sie sich daher nicht die schwierigen Aufgaben zu, wenn Sie eigentlich schon erschöpft und ausgelaugt sind. Tatsächlich kann man zeigen, dass Menschen sich immer schlechter kontrollieren können, je erschöpfter sie sind. Das bedeutet auch:

UNSERE SELBSTKONTROLLE WIRD IMMER SCHWÄCHER, JE LÄNGER WIR SIE SCHON BEANSPRUCHEN.

In seinen Forschungen zum Thema Selbstkontrolle hat der amerikanische Psychologe Roy Baumeister (2002) diesem Punkt die meisten seiner Untersuchungen gewidmet. Dass Selbstkontrolle sozusagen ausgeschöpft werden kann, ist ja auch keineswegs trivial. Immerhin kann man sich auch vorstellen, unsere Selbstkontrolle funktioniere so ähnlich wie ein geistiges „Programm", das besser läuft, sobald man es einmal „geladen" hat.

Denken Sie zum Beispiel an eine Situation, in der Witze erzählt werden. Die Reihe kommt an Sie – „Kennst du nicht auch einen?" – „Nein, gar nicht. Ich bin darin auch gar nicht gut." – „Na ja, einen wirst du doch kennen." – „Na gut, also ..." Haben Sie sich auch schon mal gewundert, wie gut Sie darin werden, sobald Sie einmal „warm geworden" sind, nachdem Sie einmal das geistige „Witze-Programm" in Ihren mentalen Arbeitsspeicher geladen haben? Manche Menschen werden dann – für sie selbst völlig unerwartet – zu regelrechten Alleinunterhaltern, einfach weil ihnen witzige Einfälle deutlich leichter kommen, nachdem kein „Kaltstart" mehr gefordert ist. Selbstkontrolle könnte doch auch so funktionieren – sobald Sie einmal in einem „Kontroll-Modus" drin sind, fällt es Ihnen immer leichter, sich im Griff zu halten und unbeirrt Ihre Ziele zu verfolgen.

Wenn das richtig wäre, dann müssten Menschen in einer Aufgabe, die von ihnen Selbstbeherrschung verlangt, besser sein, wenn sie zuvor bereits eine andere Aufgabe gelöst haben, für die sie ebenfalls Selbstkontrolle brauchten. Baumeister (z.B. 2002) hat dies in einer ganzen Reihe von Experimenten geprüft. Stellen Sie sich etwa vor, Sie sehen einige der lustigsten Szenen aus einem Film wie beispielsweise „Shrek", dürfen dabei aber nicht lachen. Danach sollen Sie eine Geschicklichkeitsaufgabe lösen, die viel Konzentration und vor allem Ausdauer verlangt. Wie lang werden Sie bei dieser Aufgabe am Ball bleiben? Hat Sie das Unterdrücken Ihrer Emotionen aus der ersten Aufgabe nun besonders gut auf die Folgeaufgabe eingestimmt oder eher erschöpft?

In solchen Aufgaben kann man sehr gut sehen, dass an der Idee, Selbstkontrolle funktioniere wie ein geistiges „Programm", leider nicht viel dran ist. Im Gegenteil: Je mehr Ihre Selbstkontrolle bereits beansprucht wurde, desto schlechter werden Sie in Folgeaufgaben, die ebenfalls Selbstbeherrschung verlangen. Baumeister schlägt daher eine andere Metapher vor (z.B. Muraven & Baumeister, 1998): Unsere Selbstkontrolle funktioniert wie ein Muskel. Bei Beanspruchung ermüdet sie auf kurze Sicht, auf lange Sicht wird sie trainiert. Daher die Empfehlung von oben:

WENN SIE SICH ZU EINER AUFGABE AUFRAFFEN MÜSSEN, DANN SOLLTEN SIE HIERFÜR DIE AUSGERUHTEN STUNDEN VORBEHALTEN, ALSO ZUM BEISPIEL DEN VORMITTAG EHER ALS DEN NACHMITTAG ODER ABEND.

Sicherlich ist Ihnen schon oft geraten worden, von zwei Aufgaben die unangenehmere vorzuziehen und sich die angenehme aufzusparen. Dieser Rat wird hier bekräftigt, aber durch ein zusätzliches Argument: Es geht eben nicht nur darum, mit der angenehmen Aufgabe einen Belohnungsanreiz zu setzen und sich damit die unangenehme Aufgabe zu verschönern. Hinzu kommt, dass Sie für die unangenehme eben mehr Kraft brauchen als für die angenehme, dass Sie also Ihre Kräfte sinnvoll einteilen sollten.

Diese Erkenntnis hat noch eine andere Folge: Eine Aufgabe wird Ihnen schlechter gelingen, wenn Sie sie erst nach einer Reihe von anderen anstrengenden Tätigkeiten, etwa am Abend nach einem anstrengenden Tag, in Angriff nehmen. Darüber sollten Sie sich dann aber auch nicht grämen. Das liegt vielleicht gar nicht daran, dass die Aufgabe so einmalig widerlich ist. Es liegt auch daran, dass kontrolliertes, willensgesteuertes, zielgerichtetes Handeln immer schwieriger und anstrengender wird, je mehr man bereits zuvor beansprucht wurde. In diesem Gedanken liegt sicher auch etwas Erleichterndes: Manche Dinge sind eben doch zu schaffen, wenn man sie nur ausgeruhter angeht.

5.7 Eine besonders harte Nuss: Die Kontrolle von Emotionen

In Experimenten zur Selbstkontrolle wird gerne die Aufgabe von oben eingesetzt, bei der stark emotionale Filmszenen gezeigt werden, lustig oder traurig, wobei die Probanden dann ihre Emotionen unterdrücken müssen (z.B. Hofmann, Rauch & Gawronski, 2007). Warum? Weil man die Probanden damit besonders schnell und besonders nachhaltig erschöpft. In der Folge fällt ihnen dementsprechend die Kontrolle deutlich schwerer. Zum Beispiel essen sie dann mehr süße Sachen oder sie kaufen eher mal etwas Ungeplantes ein, sie bringen schlechtere Leistungen in schwierigen Aufgaben oder sind in anderer Hinsicht unbeherrscht.

Was zeigt uns das? Unsere Emotionen zu kontrollieren kann ganz besonders anstrengend sein. Stellen Sie sich etwa den Arbeitstag eines Verkäufers oder einer Zahnärztin vor. Lauter Leute kommen, einer nach dem anderen. Alle haben sie ein Anliegen und nicht alle dieser Anliegen sind erfreulicher Natur. Manchen Kunden beschweren sich und die meisten der Patienten haben Schmerzen. Trotzdem bleiben Verkäufer und Zahnärztin immer freundlich, zugewandt, fröhlich und ausgeglichen. Je nach Temperament der beiden kann das aber auch ein Marathon an Selbstbeherrschung und Emotionskontrolle sein. Wer dann am Abend noch hoch konzentriert eine Steuererklärung oder Fortbildung machen möchte, muss zuvor sicherlich ordentlich Energie tanken.

Wenn es uns so sehr auslaugen kann, unsere Emotionen zu unterdrücken, sollte man ihnen dann nicht besser freien Lauf lassen? Kaum, das ist ein verbreiteter Aberglaube:

AGGRESSIONEN WERDEN DURCH DAS AUSLEBEN NICHT ETWA GERINGER, SIE STEIGEN VIELMEHR (ZUM ÜBERBLICK Z.B. ARONSON, WILSON & AKERT, 2004, S. 464FF).

Auch das stellvertretende Erleben von Aggressivität, etwa in Filmen oder in aggressiven Computerspielen, macht eher noch gewaltbereiter, als dass man dadurch wirksam „Dampf ablassen" könnte (z.B. Koglin, Witthöft & Petermann, 2009). Ebenso wenig schützt das Ausleben von Ärger vor koronaren Herzerkrankungen, die man vielleicht befürchtet, wenn man den Ärger in sich hineinfrisst – ganz im Gegenteil, das Erkrankungsrisiko steigt durch das Ausleben weiter (Hodapp & Schnabel, 2003).

DAGEGEN IST DAS UNTERDRÜCKEN VON EMOTIONEN NUR FÜR DIEJENIGEN PERSONEN SCHÄDLICH, DIE GLAUBEN, DASS EMOTIONSKONTROLLE SCHÄDLICH IST (MAUSS, EVERS, WILHELM & GROSS, 2006).

Der mutmaßliche Schaden durch unterdrückte Emotionen beruht, wie es scheint, zu einem großen Teil einfach auf der Zustimmung zu einem Aberglauben.

Diese Erkenntnisse bestreiten nicht, dass es tatsächlich schaden kann, wenn man Ärger oder Aggressionen unterdrückt. Sie betonen aber zwei Punkte:
→ Erstens wird der Schaden durch Ausleben nicht unbedingt geringer und
→ zweitens schaden unterdrückte Emotionen nur unter bestimmten Bedingungen.

Diese Erkenntnis allein hat für Sie möglicherweise schon eine entlastende Wirkung. Damit können Sie freilich Emotionen noch nicht erfolgreich unterdrücken. Allerdings können wir aus den Erkenntnissen auch ableiten, dass Sie für Ihre Emotionen nicht immer ein „Ventil" brauchen. Dagegen sollten Sie die Dinge, die Sie entspannen – von der Tasse Tee über Ihre Lieblingsmusik bis hin zum autogenen Training oder der progressiven Muskelentspannung – nicht als bloße Ablenkung von der Emotion verstehen. Solche Dinge können vielmehr dazu beitragen, die Emotion selbst zum Verschwinden zu bringen.

→ Aufgabe

→ *Reflektieren Sie, in welchen Situationen Sie die „Kontrolle" über Ihre Emotionen verlieren, und nennen Sie zwei bis drei Beispiele dafür (z.B. immer wenn Ihr Chef Sie kritisiert o.Ä.).*

→ *Wie äußern sich die Emotionen (z.B. lautes oder schnelles Sprechen, körperliche Reaktionen wie beispielsweise Rotwerden etc.)?*

→ *Wie reagiert Ihre Umwelt in den Situationen, in denen Sie Emotionen zeigen – irritiert, mit Rückzug, mit eigenen Emotionen ...?*

→ *Was tun Sie, um sich wieder „zu beruhigen", bzw. welche Strategien haben sich dabei in der Vergangenheit als hilfreich erwiesen – z.B. sich ablenken, die Räumlichkeit wechseln usw.?*

→ *Wie tanken Sie „Kraft"? Beispielsweise durch Sport, Freizeitgestaltung, Familie ...?*

→ *Reagieren Sie in einer emotionalen Situation nicht sofort, sondern warten Sie mit dem Impuls, wenn die Emotion eine negative ist, etwa Ärger oder Empörung.*

→ *Zögern Sie umgekehrt bei positiven Emotionen, die Sie auch mitteilen wollen, nicht: Wenn Sie sich für eine freundliche Hilfe oder ein Geschenk bedanken wollen, tun Sie es, wenn Sie die Freude und Dankbarkeit empfinden und dem anderen so authentisch mitteilen können, und warten Sie nicht.*

Hier noch einige Tipps:

→ Legen Sie die schwierigen Aufgaben in die Phasen des Tages, zu denen Sie noch die besten Kräfte haben.

→ Wenn Sie nach längerer Anspannung immer schlechter werden und die Aufgabe immer unangenehmer erscheint, versuchen Sie es am nächsten Tag genau damit wieder – und zwar als Erstes und in ausgeruhtem Zustand.

→ Machen Sie für ein Misslingen Ihrer Selbstkontrolle nicht nur die Aufgabe verantwortlich. Vielleicht hilft es bereits, wenn Sie ausruhen und danach mit frischen Kräften wieder darangehen.

→ **Auf den Punkt gebracht:**

✓ Die bloße Einsicht, dass eine Sache oder ein Verhalten notwendig und nützlich ist, reicht keineswegs aus, damit wir sie auch in Angriff nehmen. Hierzu ist vielmehr Kraft und Selbstkontrolle nötig.

✓ Bevor man einen Entschluss in die Tat umsetzt, analysiert man die Situation sehr viel sorgfältiger als danach. Dass wir bei der Umsetzung unserer Absichten rosa Brillen tragen, ist aber normal und gesund. Es ist ein wichtiges Element unserer Motivation und unseres späteren Erfolgs.

✓ Perfektionismus dient meist weder der Erreichung unserer Ziele noch macht er uns glücklich.

✓ Das Verharren bei der Handlungsplanung, ohne je „aus dem Quark" zu kommen, kann ein stabiles Persönlichkeitsmerkmal sein. Versuchen Sie, Ihre Neigung hierzu zu erkennen, und gehen Sie dagegen an.

✓ Erfolgreiche Selbstregulation und -motivation besteht nicht nur im Aktivieren und Antreiben dessen, was für die eigenen Ziele förderlich ist. Genauso wichtig ist das Hemmen und Unterdrücken dessen, was uns nicht weiterbringt.

✓ Zur erfolgreichen Selbstregulation sollten Sie Ziele und Standards haben, Ihr Verhalten überwachen sowie ausgeruht und bei Kräften sein.

✓ Zu den schwierigsten Aufgaben der Selbstkontrolle gehört die Beherrschung unserer Emotionen.

5.8 Selbsttest

Beantworten Sie sich die folgenden Fragen:

	Ja	Nein
? Kennen Sie Ihre inneren Widerstände?	○	○
? Trotz innerer Widerstände können Sie Ihre Ziele verfolgen und sind handlungsfähig?	○	○
? Sie können schnell entscheiden, da Ihnen die Notwendigkeit von Entscheidungen bewusst ist?	○	○
? Sie verfügen über Strategien, mit denen Sie Ihre Widerstände überwinden können?	○	○
? Sie wissen, dass Sie nicht alles perfekt machen können?	○	○
? Sie verlieren auch in schwierigen Situationen Ihr Ziel nicht aus dem Auge?	○	○
? Sie wissen, dass Sie aus Fehlern lernen können, und gestatten sich, Fehler zu machen?	○	○

	Ja	Nein
? Sie machen sich die Ergebnisse Ihres Handelns transparent und sind sich darüber bewusst?	○	○
? Sie wissen genau, wann Sie sich schwierige Situationen zumuten können, und können Ihren „Kräfte-Haushalt" einschätzen?	○	○
? Sie wissen, wie Sie Ihre Emotionen kontrollieren können und welchen Gewinn Sie daraus ziehen?	○	○

Wenn Sie überwiegend mit „Ja" geantwortet haben, kennen Sie Ihre inneren Widerstände. Wichtig ist, diese Transparenz zu bewahren und sich nicht selbst zu belügen. Behalten Sie Ihre Ziele im Auge und bewahren Sie sich Ihre Transparenz über die Strategien, mit denen Sie Ihre Widerstände überwinden können.

Wenn Sie überwiegend mit „Nein" geantwortet haben, können Sie enge Freunde oder Familienmitglieder befragen, wann und wie sie bei Ihnen Widerstände bemerken. Vielleicht können Sie gemeinsam noch einmal die Leitfragen des 5. Kapitels durchgehen.

6 Werte und Identität

Innere Überzeugung motiviert

Intrinsisch motiviertes Verhalten folgt nicht immer einem äußerlich sichtbaren Anreiz. Nicht einmal das persönliche Vergnügen steht bei der intrinsischen Motivation immer im Vordergrund.

> **Befragungsbeispiel**
> Mit einem Kollegen befragte ich einmal Studierende der Wirtschaftswissenschaften an der Universität Trier zu ihrer Studienmotivation (vgl. Felser, 2000). Einer unserer Gesprächspartner sagte uns hierbei Folgendes: „Wenn einer im Studium nicht zu Potte kommt, dann fehlen ihm Disziplin, Pflichtbewusstsein und Ehrgeiz. Wenn man so will, dann fehlen ihm eben die ‚preußischen Tugenden‘. Das ist nicht nur der Gedanke an die Zukunft und die Karriere. Man hat doch auch gegen die Eltern eine Verpflichtung, man muss doch auch den Eltern etwas zurückgeben.“

6.1 Sinn und Bedeutung

Menschen geben ihren Tätigkeiten typischerweise Sinn und Bedeutung. Meist reicht es uns nicht, wenn ein Verhalten einfach eine bestimmte Belohnung nach sich zieht, und das war es dann. Dieser Sinn kann, wie in unserem Befragungsbeispiel, sogar eine moralische Dimension haben: Es ist von einem höheren Standpunkt aus, nicht nur aus pragmatischen Gründen gut, so zu handeln.

Es müssen nicht unbedingt moralische Werte sein, die durch das Verhalten ausgedrückt oder gefördert werden. Der Punkt ist aber:

UNSER VERHALTEN HAT SEHR OFT EXPRESSIVE FUNKTION, NICHT NUR INSTRUMENTELLE.

Unsere Befragung liefert Beispiele für diese expressive Funktion des Wirtschaftsstudiums. Wir können aus unseren Gesprächen als Beispiel zitieren: „Wirtschaftler zu sein, etwas Kaufmännisches machen, das muss man im Blut haben. Ich habe schon immer einen eigenen Betrieb haben wollen. Das kenne ich schon von meinem Elternhaus her. Dazu mache ich dieses Studium.“

Was motiviert diesen Gesprächspartner? Die Aussicht auf den eigenen Betrieb? Nicht allein. Offenbar ist er der Meinung, etwas „im Blut“ zu haben. Kaufmann zu sein gehört bei ihm zu seiner persönlichen Identität, die er bereits aus dem Elternhaus übernommen hat. Seine Tätigkeit drückt somit für ihn auch aus, wer er ist. Diese expressive Funktion eines Verhaltens darf man nicht unterschätzen.

UNS BEFRIEDIGT EIN VERHALTEN, DAS UNSERE PERSÖNLICHEN WERTVORSTELLUNGEN REPRÄSENTIERT, MEHR ALS EIN ANDERES BLOSS NÜTZLICHES VERHALTEN, DAS ABER KEINEN UNSERER WERTE AUSDRÜCKT.

Was zum Beispiel motiviert den Bücherfreund, seine Wohnung regalweise mit Büchern zu füllen? Warum kleiden sich Sportfans auch dann sportlich, wenn dazu eigentlich gar kein Anlass besteht? Warum sehen angehende Juristen an der Universität eigentlich bereits aus, wie man sich fertige Juristen vorstellt (mit Anzug oder Kostüm und mit dem „Schönfelder" unter dem Arm)?

Die Antworten hierauf liegen sicher nicht nur in der reinen Pragmatik, dass es irgendwie praktischer ist, sich so zu verhalten. Es sind vielmehr allem Vermuten nach Beispiele dafür, dass wir in unserem Verhalten versuchen, persönliche Wertvorstellungen auszudrücken und uns so zu geben, wie wir von anderen gesehen werden wollen.

UNSERE MOTIVATION IST NICHT NUR EINE FRAGE DANACH, WAS UNS FROH UND ZUFRIEDEN MACHT. SIE IST AUCH EINE FRAGE NACH UNSERER PERSÖNLICHEN IDENTITÄT UND NACH UNSEREN EINSTELLUNGEN.

Das heißt im Einzelnen (vgl. auch Shamir, 1996, S. 154f):
➜ Wir verhalten uns eher so, dass wir im Einklang mit unseren Werten handeln,
➜ wir verhalten uns eher so, dass dabei unsere gewünschte Identität zum Ausdruck kommt,
➜ wir verhalten uns eher im Einklang mit unserem Selbstbild.

Die letztere Behauptung, dass wir uns eher im Einklang mit unserem Selbstbild verhalten, erhält unter gewissen Bedingungen eine Bedeutung, die nicht auf den ersten Blick einleuchtet, die wir aber alle aus unserem Umfeld und vielleicht sogar von uns selbst kennen – eine durchaus problematische Konsequenz: So kann es zum Beispiel vorkommen, dass jemand sich einer Sache verschrieben hat, die objektiv nichts taugt. Anstatt sich von der nun unnützen Sache ab- und Erfolg versprechenden Projekten zuzuwenden, bleiben Menschen oft bei dem, was sie einmal begonnen haben, und behalten damit eine niedrige Effizienz bei.

In Experimenten kann man hierzu recht krasse Beispiele erzeugen, zum Beispiel:
➜ Personen bleiben bei einer Strategie, die sich bereits als ineffektiv herausgestellt hat (Brockner et al., 1986),
➜ Personen ändern ein eigentlich effektives Lösungsverhalten (und machen es damit ineffektiv), weil das andere Verhalten besser zu ihrem Selbstbild passt (Aronson & Carlsmith, 1962),

→ Personen akzeptieren zusätzliche Kosten für eine Sache (die dadurch unrentabel wird), nur weil sie sich zuvor einmal darauf eingelassen haben (Cialdini et al., 1978).

In unserem Alltag beobachten wir dieses Phänomen immer dann, wenn die nutzlose Tätigkeit gleichwohl irgendwie identitätsstiftend war. Das ist zum Beispiel der Fall, wenn die Personen sich engagiert haben, ein Commitment eingegangen sind (vgl. Kap. 3.3.1) oder wenn das ineffektive Verhalten gleichwohl repräsentativ ist für ein längst etabliertes Selbstbild.

Zum Beispiel könnte jemand der Meinung sein, keine besondere Begabung für etwas zu haben (zum Beispiel Mathematik) und daher ohne weitere Überprüfung dieses Mangels seine Anstrengungen für Anforderungen, die damit zu tun haben (zum Beispiel Buchführung oder Statistik), gering halten, da Mühe sowieso nichts brächte.

Der Mangel an Begabung geht dann nicht selten in das Selbstbild über und wird oft mit derselben Festigkeit und dem gleichen Selbstbewusstsein behauptet wie an anderen Stellen der Überfluss an Begabung. Sie werden selbst beobachtet haben, dass einem solchen Verhalten gesellschaftlich durchaus verständnisvoll begegnet wird (wenn zum Beispiel Menschen Probleme mit „der Technik" haben).

→ **Praxisanwendung**

Folgende Leitfragen helfen Ihnen, Transparenz über Ihre Werte und Identität zu erhalten:

→ *Sehen Sie sich Ihre unmittelbare Umgebung (Wohnung, Arbeitsplatz ...) einmal unter folgenden Gesichtspunkten an: Welche Gegenstände und welche „Sachen" spiegeln Ihre Werte wider – z.B. Fotos, Bilder, Musikinstrumente, Kleidung, Einrichtung ...?*

→ *Woran kann Ihrer Einschätzung nach ein Außenstehender Ihre Identität und Neigung erkennen?*

6.2 Dispositionen der Persönlichkeit

Menschen unterscheiden sich danach, wie stark sie eine rein instrumentelle oder eine expressive Haltung zu ihrer Tätigkeit haben. Menschen sind auch unterschiedlich pragmatisch in ihrem Umgang mit anderen; für die einen spielen über die Pragmatik hinaus Werte und Moral eine große Rolle, für die anderen sind diese Themen im Alltag weitgehend ausgeklammert (Shamir, 1996, S. 158).

So gesehen kann man Personen grob in expressive und moralische auf der einen Seite und instrumentelle und pragmatische auf der anderen Seite einteilen. Dabei verfügen diese über deutlich weniger intrinsisches Potenzial als jene.

Wenn Sie Ihre eigene Motivation steigern wollen, sollten Sie sich fragen:

→ Welche Rolle spielen in Ihrem Alltag Ihre persönliche Identität, Ihre Werte und Überzeugungen?
→ In welchen Lebensbereichen steht der Sinn Ihrer Tätigkeiten im Vordergrund – und weniger das Handlungsergebnis?
→ Welche Aufgaben und Tätigkeiten haben Sie sich aktiv ausgesucht, weil Sie zu Ihnen passen?

Solche Aufgaben könnten Beruf, Familie, Hobby, ehrenamtliches Engagement oder anderes sein. Hierbei ist der Sinn der Tätigkeit Ihr Treibstoff. Zusätzliche Anreize sind weniger wichtig.

→ In welchen Lebensbereichen sind Sie Pragmatiker? Wo steht der Nutzen und das Ergebnis Ihres Handelns im Vordergrund? Wo identifizieren Sie sich nicht über Ihre Tätigkeit?

In diesen Lebensbereichen brauchen Sie Anreize, Sie müssen den Nutzen für sich selbst sehen. Dieser Nutzen sollte in etwas Praktischem, Greifbarem bestehen. Die Tätigkeit sehen Sie eher als Mittel hierzu an, daher sind Ihre Anforderungen an die Tätigkeit auch bloß pragmatischer Natur.

Auch hier kommen Beruf und Familie gleichermaßen infrage, etwas weniger wohl Hobbys oder ehrenamtliches Engagement. Es ist allerdings durchaus denkbar, dass für jemanden der Beruf nicht viel mehr als Mittel zum Zweck, zum Lebensunterhalt und Geldverdienen ist. Auch in der Familie gehen nicht alle Menschen gleichermaßen auf und betrachten sich, sobald sie eine Familie haben, vor allem als Ehefrau oder -mann, als Mutter oder Vater.

Sich selbst zu motivieren bedeutet unter diesem Blickwinkel, dass Sie auf beide Dispositionen eingehen müssen. Fragen Sie sich aber auch, welche dieser Dispositionen Ihnen wichtiger ist, welche Sie bevorzugen. Es könnte immerhin sein, dass Lebensbereiche, die Sie bislang eher unter dem einen Gesichtspunkt gesehen haben, sehr viel Potenzial auch für den anderen besitzen.

Der Wunsch nach einer bestimmten Identität oder eine moralische Einstellung kann nicht einfach durch eine Änderung in der Umgebung oder den Arbeitsbedingungen manipuliert werden. Diese Merkmale sind vielmehr tief in der Persönlichkeit des Einzelnen verankert und ändern sich nicht leicht.

Das heißt aber nicht, dass wir nicht durch einen Appell an diese Überzeugungen unsere Motivation steigern könnten. Es motiviert uns eben doch, wenn uns vor Augen geführt wird, wie bestimmtes Verhalten mit unserer bevorzugten Identität übereinstimmt („Bogart hätte jetzt so und so gehandelt ...") oder wenn wir eine Gelegenheit bemerken, einen wichtigen Zug unserer Persönlichkeit unter Beweis zu stellen („Wir sind doch Freunde, nicht wahr ...").

Mit unserem Verhalten wollen wir nicht immer nur Gewinne erzielen, sondern oft auch persönliche Wertvorstellungen zum Ausdruck bringen. Hierbei hilft uns der Gedanke an Personen, die diese Wertvorstellungen verkörpern.

WIR HANDELN UNGERN GEGEN UNSERE ÜBERZEUGUNGEN UND UNSER SELBSTBILD; ES KOMMT VOR, ABER ES IST SELTEN INTRINSISCH MOTIVIERT. UMGEKEHRT IST EINE HOHE ÜBEREINSTIMMUNG ZWISCHEN SELBSTBILD UND VERHALTEN EIN SO STARKER MOTIVATOR, DASS MAN FAST KEINE WEITEREN ANTRIEBSKRÄFTE MEHR BRAUCHT.

Wer sich sozusagen vom Scheitel bis zur Sohle wie ein Politiker, eine Managerin, ein Pfarrer oder eine Professorin fühlt, der oder die braucht nicht noch zusätzlich dazu motiviert zu werden, damit sich das auch im Verhalten zeigt.

→ Aufgabe

Stellen Sie sich daher folgende Fragen:

? *Passt mein Ziel zu meiner Person?*

? *Ist das Verhalten, das ich für meine Ziele zeigen muss, auch vereinbar mit meinem Selbstbild (also mit meinem Charakter, Temperament, Begabungen, Einstellungen ...)?*

? *Möchte ich, dass andere von mir glauben, dass diese Ziele und dieses Verhalten zu mir passen?*

7 Motivieren mit Verstärkern

Unser Verhalten wird von seinen Konsequenzen bestimmt. Die Konsequenzen können die Funktion von „Verstärkern" bekommen.

IM PSYCHOLOGISCHEN VERSTÄNDNIS IST EIN VERSTÄRKER EIN REIZ, DER GEEIGNET IST, EIN MIT IHM VERBUNDENES VERHALTEN WAHRSCHEINLICHER ZU MACHEN.

Verstärkt wird also das Verhalten; es wird häufiger und bereitwilliger gezeigt. Wenn der Trainer die Prämie in Aussicht stellt und die Mannschaft strengt sich daraufhin tatsächlich mehr an, dann ist die Prämie ein Verstärker. Auf den ersten Blick könnte es so aussehen, als sei ein Verstärker typischerweise ein äußerer Anreiz. Dies muss aber nicht so sein.

EIN ANREIZ STEHT UNS BEREITS VOR DEM VERHALTEN VOR AUGEN, ETWA DIE PRÄMIE. EIN VERSTÄRKER KANN AUCH UNERWARTET KOMMEN.

Stellen Sie sich vor, Sie legen das Ergebnis Ihrer Tätigkeit vor und erhalten als unerwartete Rückmeldung, dass Sie Ihr Chef oder Ihre Chefin für sehr begabt hält. Solche Rückmeldungen sind ebenfalls Verstärker: Ihre Anstrengung bei zukünftigen Ausarbeitungen wird in Zukunft eher wachsen als abnehmen und möglicherweise werden Sie nun, angesichts der Möglichkeit, besonders begabt zu sein, die spezielle Tätigkeit, zu der die Rückmeldung kam, weiter verfolgen. In diesem Fall ist eine intrinsische Motivation entstanden, die durch die Rückmeldungen eben verstärkt wurde.

Genauso ist es aber auch ein Verstärker, wenn Ihr Baby schreit und Sie zunächst erfolglos alles Mögliche ausprobieren, bis Sie es schließlich unverhofft mit einem bestimmten Lied wieder beruhigen können. Auch hier ist ein Verhalten verstärkt worden, nämlich das Singen oder Spielen des Liedes – beim nächsten Mal machen Sie es mit viel größerer Wahrscheinlichkeit und vor allem viel früher.

Das erste Beispiel ist ein so genannter positiver Verstärker.

VON EINEM POSITIVEN VERSTÄRKER SPRICHT MAN, WENN DURCH DAS VERHALTEN EIN ANGENEHMER ZUSTAND ERREICHT WIRD.

Es gibt aber auch den Fall, in dem ein Verhalten einen unangenehmen Zustand beendet. Die Verstärkung besteht dann im Verschwinden der Unannehmlichkeit, daher nennt man diesen Fall negative Verstärkung. Dass Ihr Baby mit dem Lied nicht mehr schreit, beendet einen unangenehmen Zustand. Damit ist die Ruhe nach dem Singen des Liedes ein negativer Verstärker. Negative Verstärker haben einige Besonderheiten, die man näher betrachten sollte. Greifen wir hierzu ein weiteres Beispiel heraus:

> **Fallbeispiel**
>
> Nehmen wir Bruno, dem ein Kongress, wo er einen schwierigen Vortrag halten muss, so schwer im Magen liegt, dass er Schlafstörungen und Angstzustände bekommt. Er bringt bei einem ausgiebigen Abendessen einen sehr wichtigen Kunden dazu, einen bereits vereinbarten Termin für eine Verkaufspräsentation genau auf den Kongresstermin zu verschieben.
>
> Da dies nicht das erste Mal passiert, tobt sein Chef, aber muss zähneknirschend jemand anders mit dem Vortrag beauftragen und Bruno zum Kunden fahren lassen. Das Gespräch endet mit der drohenden Bemerkung: „Darüber sprechen wir danach noch einmal, diesmal wird das Folgen für Sie haben." Brunos Angst verschwindet allerdings, nachdem er weiß, dass er den Vortrag nicht halten muss.
>
> Der Wegfall der Angst ist hier der negative Verstärker. Verstärkt wird das Verhalten, nämlich den Gefälligkeitstermin zu arrangieren, oder allgemeiner: Kneifen vor Vorträgen.

Eine wichtige Besonderheit der negativen Verstärkung besteht nun darin, dass ihre Effektivität nahezu vollständig durch die Fantasie bestimmt wird und nicht durch die Realität bestätigt werden muss. Was meine ich damit? Bruno ist erleichtert, sobald er den Vortrag abgebogen hat. Dass er in Wirklichkeit keinerlei Grund hat, sich über den Vortrag aufzuregen, ändert an dieser Erleichterung nichts. Wenn wir uns vor irgendetwas fürchten, sei es der Zahnarzt, das unangenehme Gespräch mit dem Partner, dem Nachbarn oder dem Chef oder andere alltägliche Herausforderungen, dann bringt eine Flucht Erleichterung und diese Erleichterung verstärkt das Fluchtverhalten auch für die Zukunft. Zu einem Test der realen Situation kommt es nicht. So kann Bruno seine Fluchtreaktion nicht dadurch verlernen, dass er in Vorträgen Erfolg hat, denn dazu kann es ja gar nicht kommen.

7.1 Negative Verstärker und Strafreize

Verwechseln Sie bitte nicht die negative Verstärkung mit einem anderen lernpsychologischen Begriff, nämlich dem der Bestrafung. Diese Verwechslung kommt leider sehr häufig vor. Negative Verstärkung und Bestrafung haben aber nichts miteinander zu tun.

Ein Verstärker erhöht immer die Wahrscheinlichkeit eines Verhaltens, so ist er definiert. Eine Bestrafung dagegen ist dazu da, die Auftretenswahrscheinlichkeit eines Verhaltens zu senken.

Die Logik von Verstärkung und Bestrafung sollte aus der folgenden Tabelle deutlich werden (vgl. Comelli & v. Rosenstiel, 1995, S. 54).

Verhältnis zwischen Belohnung und Bestrafung		
	angenehmer Reiz	unangenehmer Reiz
Darbieten nach Verhalten	Belohnung ist eine positive Verstärkung	stellt eine Bestrafung dar
Wegnehmen nach Verhalten	stellt eine Bestrafung dar	Belohnung ist eine negative Verstärkung

Erfahrungsgemäß ist die Arbeit mit Strafreizen zur Motivation und Verhaltenskontrolle nicht sehr wirkungsvoll.

Fortführung des Fallbeispiels

Stellen wir uns hierzu vor, wir wollten Bruno sein fatales Rückzugsverhalten durch Bestrafung austreiben. Was können wir erwarten? Zum Beispiel könnte seine Freundin Silvia ihm die Hölle heiß machen, wenn sie erfährt, dass er wieder gekniffen hat. Bringt das etwas? Natürlich ist ihm der Streit mit Silvia unangenehm, aber man muss bedenken: Seinen Verstärker hat Bruno zum Zeitpunkt des Streits bereits genossen: Die Angst ist bereits weg. Zudem ist in seinem Fall noch offensichtlich, dass auch andere Strafreize nicht ausbleiben werden: Ärger mit dem Chef, vielleicht der letzte Tropfen in das überlaufende Fass, aufgrund dessen sich nun Karrierenachteile ergeben werden, vielleicht Gesichtsverlust unter den Kollegen, wenn sich die Sache herumspricht. Alles das blüht Bruno ja sowieso und hat ihn nicht von seinem Schritt abgehalten. Silvias Strafpredigt ist also nur einer unter vielen Strafreizen.

Offenbar wird sein Verhalten mehr von den kurzfristigen als den langfristigen Konsequenzen bestimmt. Das kann sich auch auf sein Verhalten gegenüber Silvia erstrecken: Etwa aus dem Zimmer gehen, den Fernseher lauter stellen, Silvia für eine Woche nicht mehr anrufen, keine Diskussion zulassen – dies alles sind Verhaltensweisen, die dadurch negativ verstärkt werden, dass sie Bruno die Gardinenpredigt seiner Freundin ersparen.

Das ist eine weitere Besonderheit bei der negativen Verstärkung: Sie wirkt in dem Beispiel kurzfristig und ist daher sehr effektiv. Folgeprobleme sind wenig bedeutsam bei dieser Wirkung.

Strafe schafft keine Motivation. Wenn man versuchen würde, ein unerwünschtes Verhalten durch Strafen abzustellen, dann müsste man auf jeden Fall an den kurzfristigen Konsequenzen ansetzen. Ein Strafreiz müsste Bruno treffen, noch bevor er sich die Erleichterung von seiner Angst verschaffen kann. Dies ist nicht nur in dem konkreten

Beispiel schwierig: Wenn in vergleichbaren Situationen ein Verhalten, das normalerweise verstärkt würde, bereits im Ansatz bestraft wird, tritt oft der unangenehme Zustand der Hilflosigkeit ein (Seligman, 1973; dieser Effekt ist bereits im Tierexperiment nachweisbar). Die betroffenen Personen verlieren die Orientierung, werden lethargisch und depressiv.

Hilflos sind sie, solange die Bestrafung nicht erkennen lässt, was denn stattdessen zu tun ist. Bruno zum Beispiel würde ja seine Angst behalten; die Bestrafung käme einfach noch hinzu.

STABILE VERHALTENSÄNDERUNGEN – UND ALSO AUCH NENNENSWERTE EFFEKTE AUF DIE MOTIVATION – LASSEN SICH NUR ÜBER DIE VERSTÄRKER ERREICHEN.

Zwei Möglichkeiten sind effektiv.

→ Die Verstärkerwirkung des Verhaltens bleibt aus. Das Verhalten verliert seinen instrumentellen Wert.
Im Beispiel: Bruno kann seine Angst durch das Kneifen nicht mehr effektiv loswerden (und er ist gezwungen, etwas anderes zur Krisenlösung zu unternehmen).

→ Ein anderer Verstärker tritt mit dem Verhalten in Konflikt; um diesen Verstärker zu erlangen, muss die Person das ursprüngliche Verhalten unterlassen.
Im Beispiel: Nur wenn Bruno nicht kneift, kann er mit Silvia in den ersehnten Urlaub fahren.
Den Vorgang, einen Verstärker durch einen anderen unwirksam werden zu lassen, nennt man in der Lerntheorie Gegenkonditionierung.

→ Praxisanwendung

Wo kommen Verstärker in Ihrem Alltag zum Einsatz?

→ *Reflektieren Sie, in welchen Situationen Ihr Verhalten verstärkt wird und wodurch dies genau passiert (z.B. mehr Redebeiträge in Meetings durch aktives und interessiertes Zuhören der Teilnehmer etc.).*

→ *Wo beobachten Sie bei anderen den Einsatz von Verstärkern? Um welche Verstärker handelt es sich?*

→ *Wo setzen Sie selbst Verstärker ein, indem Sie das Verhalten von anderen „belohnen"? Welche Verstärker sind das (z.B. Süßigkeitendose im Pausenraum füllen, um die Verweildauer zu erhöhen und somit das Gesprächsklima zu optimieren)?*

7.2 Primäre und sekundäre Verstärker

Welche Dinge eignen sich überhaupt als Verstärker und woran erkannt man einen Verstärker? Viele Reize kommen als Verstärker infrage, denen man ihren „Verstärkercharakter" nicht ansieht. Das liegt daran, dass nur eine geringe Anzahl von Verstärkern angeboren ist, viele werden erst im Laufe des Lebens erworben. Die angeborenen, so genannten primären Verstärker beziehen sich auf jene Dinge, die die elementaren Bedürfnisse befriedigen können, etwa Hunger, Durst, Sexualtrieb oder die Motive Leistung, Macht und Anschluss.

Nun lernen Menschen, dass bestimmte Dinge eng mit primären Verstärkern verbunden sind, sie lernen auch diese Dinge heiß zu begehren. So entstehen so genannte sekundäre Verstärker.

SEKUNDÄRE VERSTÄRKER HABEN AUS SICH HERAUS NICHTS BESONDERS ANGENEHMES, SIE SIND ABER DURCH EMPIRISCHE BEDINGUNGEN SO ENG AN PRIMÄRE VERSTÄRKER GEKNÜPFT, DASS SIE BALD FÜR SICH ALLEIN STEHEN KÖNNEN.

Meist ist der sekundäre Verstärker nur das Mittel, mit dem man den primären erlangen kann. Der Prototyp eines sekundären Verstärkers ist Geld. Geld bezieht seinen Wert letztlich nur durch das, was man damit kaufen kann. Darunter sind zweifellos eine Menge primärer Verstärker. Aber die meisten Menschen brauchen diese Assoziation mit den primären Verstärkern nicht mehr, um durch Geld motiviert zu werden. Das Geld hat einen eigenständigen, beinahe universell gültigen sekundären Verstärkercharakter erlangt. Andere sekundäre Verstärker sind demgegenüber eine ganz individuelle Angelegenheit.

Wer gern Ski fährt, für den hat es Verstärkercharakter, während ein anderer den primären Verstärker „Genuss" nicht auf der Skipiste erlangen kann und sich nichts aus Skifahren macht, es ist für ihn kein sekundärer Verstärker.

Verstärker gehen auf zwei Möglichkeiten zurück:
→ Sie können mit primären Verstärkern verknüpft sein. Wie gesagt gibt es Fälle, die zunächst der Intuition widersprechen, wo scheinbar unangenehme oder lästige Dinge so aufgewertet werden, dass wir uns um ihrer selbst willen darum bemühen. Das Mittel kann zum Zweck werden.
→ Sie können sich verselbstständigt haben. Im optimalen Fall: Zunächst war die Arbeit nur Broterwerb oder diente dazu, Anerkennung zu erlangen. Mit der Zeit aber verselbstständigt sich dieser Zusammenhang und wir beziehen Befriedigung aus der Arbeit, auch ohne an die fernen Ziele zu denken. Man könnte von einem sekundären Motiv sprechen. Weniger optimale Fälle sind ebenfalls denkbar: Autofahren um seiner selbst willen, penible Ordnung nur der Ordnung halber o.Ä.

7.3 Empfehlungen zum Einsatz von Verstärkern

Verstärker sind gängige Praxis. Verstärker und Anreize sind die Mittel, die man als Außenstehender am besten einsetzen kann, um andere zu motivieren. Sie sind die Grundlage aller betrieblichen Anreizsysteme, Prämiensysteme, Gewinnbeteiligungsmodelle – bis hin zu den beliebten Incentives, die Mitarbeitern und auch (zu gewinnenden) Kunden gewährt werden.

Funktionieren Verstärker aber auch? Nach der Verstärkertheorie kann man sinnvoll nur dort eine Motivation erwarten, wo es Konsequenzen gibt. Die Konsequenzen sind auch nur dann wirksam, wenn sie relativ unmittelbar und eindeutig mit dem Verhalten verbunden sind. Sie können Verstärker für beides einsetzen: Sowohl andere zu motivieren als auch, um sich selbst zu motivieren. Sie sollten dabei folgende Regeln einhalten:

BELOHNEN SIE IMMER (NUR) DAS ERWÜNSCHTE VERHALTEN UND IGNORIEREN SIE DAS FALSCHE.

Es ist nicht erforderlich, dass das unerwünschte Verhalten geradezu bestraft wird. Strafreize sind bei weitem nicht so effektiv wie Verstärker, daher lohnt es sich auch nur, bei Verstärkern anzusetzen.

ACHTEN SIE DARAUF, DASS SIE DAS VERHALTEN REGISTRIEREN.

Verstärkung ist nur effizient, wenn das vorherige Verhalten auch registriert wurde. Verstärkt werden soll ja nicht der Erfolg, sondern das Verhalten, das zum Erfolg geführt hat. Daher gilt: Beobachten und analysieren Sie das Verhalten, das verstärkt werden soll.

DIFFERENZIEREN SIE! SIE SOLLTEN, JA DÜRFEN NICHT ALLES VERHALTEN GLEICHERMASSEN VERSTÄRKEN.

Zum Beispiel ist es psychologisch ungeschickt, wenn jeder das Gleiche bekommt, egal, was er geleistet hat. Dies untergräbt die Motivation.

Genauso wenig ist es sinnvoll, sich selbst für gute Leistungen genauso zu belohnen wie für weniger gute.

LASSEN SIE DIE VERSTÄRKUNG NICHT AUF SICH WARTEN.

Verstärker können zu spät kommen! Verhaltenswirksam sind vor allem jene Reize, die mit dem Verhalten in unmittelbarer Berührung stehen.

Positive Effekte, die sich erst nach langer Zeit einstellen, können nicht aus sich heraus wirken. Man kann aber für diese positiven Effekte Zeichen setzen, die dann als sekundäre Verstärker immer noch wirksam sein können.

VERSTÄRKEN SIE ALLES ERWÜNSCHTE VERHALTEN.

Manche Tätigkeiten fristen das Dasein eines Mauerblümchens. Andere glänzen sofort und fallen jedem auf. Das hat häufig zur Folge, dass die eine Tätigkeit geringere Chancen auf Verstärkung hat als die andere. Manche Tätigkeiten, die man als selbstverständlich ansieht, erfahren eigentlich nie ein Lob.

So, wie im Betrieb zum Beispiel die administrativen Tätigkeiten, die Verwaltung, deutlich weniger auffallen als die spektakulären, etwa Entwicklung oder Verkauf, so gibt es auch in Haushalt und Familie ähnliche, scheinbar selbstverständliche und völlig unauffällige Aufgaben und Verdienste. Solange sie funktionieren, registriert sie keiner, wenn aber nicht, hagelt es Kritik. Das ist unter allen Gesichtspunkten zur Motivation, die wir abgeleitet haben, fatal. Es führt zur Demotivierung. Daher: Achten Sie auch auf die kleinen, angeblich selbstverständlichen Tätigkeiten, also auf das tägliche Kochen, das Frühstückmachen, das Putzen, das Erledigen von Rechnungen oder Heraustragen des Mülls. Beziehen Sie unscheinbares, aber wichtiges Verhalten unbedingt in die Verstärkung ein!

BEZIEHEN SIE SICH BEI DER VERSTÄRKUNG AUF VERHALTEN, NICHT AUF EIGENSCHAFTEN.

Verstärkung soll etwas beeinflussen, und das kann sie nur bei beeinflussbaren Dingen. Wenn ich zum Beispiel mein Kind allgemein für seine Zuverlässigkeit lobe, dann ist das zwar nett, es bezieht sich aber nicht auf ein konkretes Verhalten.

Besser ist der Verstärker für ein Verhalten, das das Kind ein anderes Mal erneut zeigen kann; zum Beispiel die prompte Erledigung einer vereinbarten Arbeit oder sein regelmäßiges Erscheinen bei den Treffen der Lerngruppe. Diese Forderung, vor allem Verhalten und nicht so sehr globale Merkmale zu betrachten, gilt übrigens noch mehr für Kritik.

BESTRAFEN SIE GUTE LEISTUNGEN NICHT DURCH EXTRAARBEIT.

Häufig ziehen Erfolg und gute Leistung weitere Arbeit nach sich. Hat man sich das Problem A einmal vom Hals geschafft, drängt sich sofort das damit verbundene Problem B in den Vordergrund. Oft hat der, der schneller arbeitet, nicht etwa früher frei; stattdessen arbeitet er nur einfach mehr als der Langsame.

Hier greifen fatale Wirkmechanismen; die Ermutigung zu guter Leistung geht verloren. Belohnen Sie sich also damit, dass Sie sich auch einmal frei geben, und nutzen Sie die Freiräume nicht nur für weitere Arbeit, sondern auch für andere bevorzugte Tätigkeiten.

7.4 Die korrumpierende Wirkung von Verstärkern und Anreizen

Gehen wir ein weiteres Mal von zwei grundlegenden psychologischen Experimenten aus:

Experiment zur Wirkung von Belohnung

In einer klassischen Arbeit konnten Lepper, Greene und Nisbett (1973) zeigen, dass ein vormals gerne gezeigtes Verhalten durch eine Belohnung entwertet werden kann: Die Probanden waren Kinder, die mit bunten Stiften malten. Diese Beschäftigung machte ihnen erwartungsgemäß viel Spaß.

Einer Teilgruppe der Kinder wurde nach einer ersten Phase des Experiments gesagt, sie würden für das Malen in der nun kommenden Phase belohnt. In der Tat malten diese Kinder in der Belohnungsphase besonders wacker. In der dritten Phase war keine Belohnung mehr zu erwarten. Die Kinder durften in der verbleibenden Zeit malen oder irgendetwas anderes tun. Genau das war das Interessante dieser Phase, denn hier konnte verglichen werden, welche Gruppe der Kinder länger beim Malen blieb. In der Tat ließ das Interesse der belohnten Kinder deutlich nach; in dieser Gruppe wandten sich mehr Kinder einer anderen Tätigkeit zu als in der Kontrollgruppe, die nicht belohnt wurde.

Dieses Ergebnismuster wurde zuerst von Deci (1971) berichtet, hier mit einer Puzzle-Aufgabe. In dieser Untersuchung zeigte sich nicht nur die verringerte Motivation nach der äußeren Belohnung. Wenn die Versuchspersonen durch Worte „belohnt" wurden, dann steigerte das ihre Motivation. Die wirksamsten verbalen Verstärker waren etwa von der folgenden Art: „Very good. That's the fastest this one has been done yet." Das heißt: Wenn die Versuchspersonen das Gefühl hatten, wirklich gut zu sein – besonders: im Vergleich mit anderen gut abzuschneiden – dann hatte diese Rückmeldung einen persönlich aufwertenden und eben auch motivierenden Effekt.

Wir sehen: Belohnung ist nicht gleich Belohnung. Eine Belohnung, die es uns gleichzeitig erlaubt, Erfolge auf unsere eigene Leistung zurückzuführen, motiviert durchaus. Eine Entlohnung, die die Beschäftigung zu einem bloßen Job macht, kann dagegen sehr demotivierend wirken.

7.4.1 Wirkung bei negativen Folgen (Strafen)

Dieser Mechanismus wirkt auch bei negativen Anreizen, also bei Strafreizen. Viele Strafen haben eine erzieherische Funktion. Dies gilt nicht nur bei Kindern. Auch solche Unannehmlichkeiten wie etwa eine Alkohol-, Tabak- oder Mineralölsteuer können mit der Absicht eingesetzt werden, Einstellungen zu ändern: Die Bürger sollen weniger trinken, rauchen oder Benzin verbrauchen. Das Problem ist aber auch hier: Diese Maßnahmen können zwar eventuell Verhalten ändern. Einstellungen verändern sie aber meist nicht. Wer tatsächlich wegen der hohen Benzinsteuer weniger Auto fährt, hat ja subjektiv einen völlig ausreichenden externen Grund dazu. Der negative Anreiz begründet das Verhalten so überzeugend, dass niemand so leicht auf den Gedanken kommt, weitere intrinsische Gründe zu generieren.

Der Effekt ist natürlich, dass die Bürger bei Wegfall dieser negativen Anreize, etwa wenn sie im Ausland billiger an Alkohol oder Benzin kommen, in großen Mengen kaufen. Eine Bewusstseinsveränderung hat nicht stattgefunden – um genau zu sein, ist sie durch die negativen Anreize sogar gezielt verhindert worden.

OFFENBAR KÖNNEN ÄUSSERE UND INNERE ANREIZE NICHT SEHR GUT KOEXISTIEREN.

Wenn nicht ohnehin eine starke intrinsische Motivation besteht, dann wirkt praktisch jeder äußere Anreiz als ein weiteres Argument dagegen, überhaupt nach inneren Motiven zu fragen. Bieten die äußeren Anreize eine ausreichende Begründung für das Verhalten, werden überhaupt keine internalen Motive mehr berücksichtigt.

7.4.2 Der Overjustification-Effekt

Das soeben beschriebene Muster wird in der Forschungsliteratur als „overjustification effect" (auch „oversufficient justification effect", vgl. auch Felser, 2007) bezeichnet:

SIND ÄUSSERE ANREIZE FÜR EIN VERHALTEN SICHTBAR, GEHEN AUSSENSTEHENDE WIE HANDELNDE DAVON AUS, DASS SIE AUCH WIRKSAM SIND.

Das Verhalten ist dann begründet (oder gerechtfertigt/justified) und es würde eine überflüssige, übergenügende (oversufficient) Begründung bedeuten, wenn man weitere interne Gründe für das Verhalten suchen wollte.

Das Bemerkenswerte am Overjustification-Effekt ist eben, dass nicht nur der Außenstehende, sondern auch der Handelnde selbst keine intrinsische Motivation mehr annimmt.

7.4.3 Was bedeutet diese Diskussion speziell für die Arbeitsmotivation?

Ich unterstelle: Wir alle arbeiten, um dabei praktische Konsequenzen zu erzielen. Nämlich mindestens finanzielles Auskommen, besser noch Wohlstand, Bestätigung, Anerkennung, Selbstentwicklung.

Ob jemand die externalen Gründe aus dieser Liste in den Vordergrund stellt oder nicht, steht in gewissen Grenzen jedem Einzelnen anheim. Je mehr man das aber tut, desto unwahrscheinlicher wird es, dass man bei seiner Arbeit eine intrinsische Motivation entfaltet, die man noch nicht von Anfang an hatte. Das bestätigt auch die These von Sprenger (vgl. Spenger, 2007), dass man durch äußere Anreize keine Begeisterung fördern kann.

Aus dieser Erkenntnis ergibt sich wiederum eine Reihe von handfesten Handlungsempfehlungen, die die zu Verstärkern gegebenen (vgl. Kap. 7.3) um Aspekte des Umgangs mit Anreizen ergänzen. Diese Empfehlungen sind sicher besonders gut für Motivation von außen und erst in zweiter Linie für die Selbstmotivation geeignet. Allerdings veranschaulichen sie sehr wichtige Faktoren des menschlichen Verhaltens und Sie sollten sie allein darum schon kennen. Vergegenwärtigen Sie sich dabei auch noch einmal, dass Verstärker im Nachhinein wirken, während Anreize vor dem Verhalten vor Augen stehen.

→ Auf den Punkt gebracht:

- ⊘ Verhalten wird durch Verstärker kontrolliert und daher kann man es durch das Setzen von Verstärkern und Anreizen auch beeinflussen. Positive Verstärker bestehen darin, Angenehmes zu bieten, negative Verstärker bestehen im Wegfall von etwas Unangenehmem. Wohlgemerkt: Verstärker, auch negative, bauen immer Verhalten auf, nicht ab.

- ⊘ Den Gegensatz stellen Strafen dar, sie sollen Verhalten abbauen, sind aber darin deutlich weniger effektiv, als die Verstärker ihrerseits für den Aufbau wirken.

- ⊘ Eine Form der Verstärker stellen die Anreize dar, die vor dem Verhalten bereits bekannt sind.

- ⊘ Relativ identisch sind die primären Verstärker, die sekundären nicht, denn was von Einzelnen als Verstärker empfunden wird, ist individuell verschieden. Geld gilt als universeller Verstärker.

- ⊘ Die Wirksamkeit von Verstärkern ist an systematisches Vorgehen gebunden.

7.5 Der richtige Einsatz von Anreizen

Hier möchte ich Ihnen einige Empfehlungen dazu geben, wie Sie Anreize sinnvoll und Gewinn bringend einsetzen können.

DEGRADIEREN SIE ARBEITEN, DIE MOTIVATION ERFORDERN, NICHT DURCH STARKE ANREIZE ZU EINEM BLOSSEN JOB!

Betrachten Sie die Faustregel „Äußere Anreize korrumpieren" (vgl. Kap. 7.4) differenziert! Keineswegs jeder Anreiz korrumpiert – Verstärker sind grundsätzlich wirksame Motivatoren. Lob und verbale Aufwertung, das klare Signal, dass eine Person ihre Sache gut gemacht hat, dass ihre Kompetenz gefragt ist, gehören zu den stärksten Motivatoren überhaupt. Aber auch das Geld ist als Anreiz besser, als es nach der bisherigen Diskussion vielleicht den Anschein hat.

Wenn zum Beispiel der Chef dem Mitarbeiter in Anerkennung der Verdienste das Gehalt erhöht, dann kann das sehr wohl motivieren. Die Bedingung ist nur, dass der Mitarbeiter die Gehaltserhöhung nicht als den eigentlichen Grund der Arbeit, sondern als Zeichen für seine Leistung und die ihm daraus erwachsene Wertschätzung betrachtet.

SETZEN SIE ANREIZE, DIE ALS PERSÖNLICHE AUFWERTUNG VERSTANDEN WERDEN KÖNNEN!

Es kommt weniger auf den objektiven Charakter eines Anreizes an, sondern darauf, welche Information er enthält. Sagt er uns: „Was du tust, ist nur ein Job, mehr nicht" oder „Gut gemacht, weiter so, auf Sie haben wir gerade gewartet"? Diese Interpretation kann man als Vorgesetzter oder Teamkollege gezielt unterstützen. Dagegen sollte man die Deutung eines Anreizes als bloße Entlohnung und Entschädigung nicht unbedingt fördern. Verdächtig hohe Anreize können in diesem Zusammenhang zu solchen Deutungen inspirieren.

SETZEN SIE NICHT DORT ANREIZE, WO GAR KEINE NÖTIG SIND!

Es gibt Fälle, in denen ohne Not Anreize gesetzt werden, die die Motivation untergraben. Ein Beispiel: Im Projektteam ist der Job des Protokollführers zu vergeben. Der Projektleiter lockt damit, dafür an anderer Stelle eine zeitliche Entlastung zu geben. Ein wirksamer Ansporn? Zumindest wird als Signal hervorgekehrt, dass das Protokollschreiben weniger ersprießlich ist als andere Aufgaben und eine Extrabehandlung verdient, und das macht diese Aufgabe von vornherein und möglicherweise ohne guten Grund unattraktiv.

ZEIGEN SIE INTERESSE FÜR DIE ARBEIT DERJENIGEN, DIE SIE MOTIVIEREN MÖCHTEN.

Vorgesetzte sind erfolgreicher, wenn sie darauf ein Auge haben, was ihre Mitarbeiter leisten (Komaki et al., 1996), solange diese Kontrolle nicht als Misstrauen verstanden wird. Signalisieren Sie also auch in anderen Lebensbereichen, etwa in der Familie, Interesse an dem, was die anderen machen. Das Interesse von außen kann durchaus eine internale Motivation stiften.

8 Den Alltag motivierend gestalten

Zusammenfassung zur Selbstmotivation

Im Folgenden möchte ich wesentliche Inhalte noch einmal für die praktische Anwendung rekapitulieren. Was eigentlich ist konkret zu tun, wenn wir uns selbst motivieren wollen?

Zur besseren Gliederung bediene ich mich bei der Analyse der „lerntheoretischen Verhaltensformel" S-O-R-K (vgl. bei Comelli & v. Rosenstiel, 1995, S. 49). Diese Formel geht von der Grundannahme aus, dass unser Verhalten grundlegend durch die Situation beziehungsweise die Reize in der Situation bestimmt wird. Diese Stimuli werden zunächst durch verschiedene Organismusvariablen verarbeitet, dann folgt die Reaktion und diese Reaktion hat dann Konsequenzen. Alle Variablen, Stimuli (S), Organismus (O), Reaktion (R) und Konsequenzen (K), sind bei der Verhaltensanalyse gleichermaßen wichtig.

8.1 Die Stimuli: Situationen analysieren

8.1.1 Nach kritischen Vorfällen suchen

Unsere Motivation macht meistens Höhen und Tiefen durch. Wenn wir dann auf die „Hoch"-Zeiten blicken, sind wir vielleicht enttäuscht, dass es uns nicht immer so gehen kann. Aber dieses Wechselbad kann für uns aufschlussreich sein. Wir sollten uns einmal die besonders herausragenden Situationen – positiv wie negativ – herausgreifen und auflisten, was an diesen Zeiten besonders war.

Diese Technik, bei der nicht etwa die alltäglichen, sondern die ungewöhnlichen Situationen herausgearbeitet werden, die so genannte „Critical Incident Technique" (siehe hierzu auch Comelli & v. Rosenstiel, 1995, S. 50ff), geht davon aus, dass außergewöhnliche Episoden besonders aufschlussreich und informativ sind.

→ Was war das Positive? Denken Sie an die Gegebenheiten der Umwelt und dabei auch an das Hintergründige und vermeintlich Nebensächliche: Vielleicht war im Betrieb gerade „angenehm" wenig los; vielleicht lief es in Partnerschaft oder Familie gerade besonders gut; vielleicht ist dieser Zeit ein Urlaub vorausgegangen – oder gefolgt; vielleicht war das Wetter besonders gut oder vielleicht waren Sie gerade verliebt; vielleicht haben Sie sich an diesen Tagen überhaupt an einem völlig anderen, ungewohnten Ort aufgehalten.

→ Was könnte die negativen Phasen begleitet haben? Vielleicht hatten wir besondere private Sorgen. Vielleicht klingelte ständig das Telefon oder es kam Besuch. Möglicherweise waren eben die Handwerker im Haus oder der Straßenlärm war unerträglich. Vielleicht war unsere Lieblingsmannschaft gerade abgestiegen. Vielleicht hatten wir zu der Zeit eine Sportverletzung auszukurieren ... oder waren verliebt.

Warum ist diese Technik Erfolg versprechend? Der Grund hierfür liegt in einem – vom wissenschaftlichen Blickwinkel gesehen – eigentlich ungünstigen Umstand: Die Menschen sind eben zu verschieden in ihren Bedürfnissen und daher ist es fast unmöglich, zur Motivation allgemeine Rezepte zu formulieren. Also will man auf diese Weise sein eigenes Rezept ermitteln. Es kommt darauf an, diese Randbedingungen so gut wie möglich zu beschreiben.

Hat man dann eine Reihe von Randbedingungen, dann sollte man diese zunächst nur als Hypothesen betrachten. Man kann dann – sozusagen experimentell – versuchen, diese Situation wieder zu schaffen. Und genauso experimentell sollte man dann auch in der Folge vorgehen.

MAN WILL TESTEN: WELCHE SITUATION IST GEEIGNET? WAS BRAUCHE ICH, UM GUT ARBEITEN, UM MICH MOTIVIEREN, UM MEINE ZIELE UND VORHABEN UMSETZEN ZU KÖNNEN?

Die Ergebnisse der Critical Incident Technique sind hierzu nur Anregungen – hypothetische Kandidaten. Sie müssen sich nun in der Arbeitswirklichkeit bewähren.

Dabei bleiben diese Tests immer spezifisch an die Person gebunden. Die fördernden oder hemmenden Ereignisse lassen sich nicht verallgemeinern, nur die Methode ist verallgemeinerbar.

8.1.2 Ablenkende Situationen meiden

Ob man nun ein wichtiges Telefonat, Besuch, einen spannenden Zeitungsartikel, Freizeitaktivitäten, z.B. eine interessante Fernsehsendung, gar das Wetter oder was auch immer betrachtet – ablenkende Umweltbedingungen gibt es immer wieder. Viele lassen sich vorhersehen und ihr ablenkender Charakter ist offenkundig. Trotzdem begeben wir uns immer wieder in Situationen, wo diese Bedingungen auf uns wirken und uns von der Arbeit abhalten.

Hierfür gibt es zwei psychologische Gründe:
→ Zum einen sind uns viele ablenkende Bedingungen wesentlich lieber als die Arbeit. Als Belohnung an der richtigen Stelle können diese Bedingungen ja auch gute und motivierende Dienste für uns tun. Genauso gut aber können sie genau das Falsche verstärken, wenn sie nämlich unsere Faulheit und Drückebergerei belohnen.
Dieser erste Grund ist wohl unmittelbar einsichtig, während der zweite von vielen Menschen zunächst nicht nachvollzogen wird und eine gewisse Distanz zum eigenen Verhalten verlangt.

→ Wir begehen immer wieder den fundamentalen Attributionsfehler (vgl. noch einmal Kap. 4.2): Wir unterschätzen fast immer die Macht der äußeren Situationsbedingungen. Wir tun meist so, als sei es ganz einfach, in einer Situation auch einmal anders zu handeln, als könnten wir die Situation jederzeit verlassen und als liege es lediglich an Charakter- oder Willensschwäche, wenn das mal einem Menschen nicht so gut gelingt.

Wenn jemand es beispielsweise nicht fertigbringt, ein Telefonat zu beenden, nachdem die wichtigen Informationen ausgetauscht sind, dann lasten wir das seiner geringen Souveränität im Beenden von Gesprächen oder seiner Schwatzhaftigkeit an. Wir vernachlässigen die Tatsache, dass sich die Person ja auch unter einem situationalen Druck befindet, dass es vielleicht tatsächlich schwierig sein kann, ein Gespräch und nun gerade dieses Gespräch zu beenden. Genauso folgendes Beispiel: Wenn wir kurz zur Entspannung den Fernseher anschalten und es läuft eine höchst unterhaltsame Serie, ist es nicht ganz einfach, sich davon wieder loszueisen; jedenfalls ist es schwieriger, als wir beim Einschalten des Gerätes zugegeben hätten.

Situationen – und natürlich insbesondere soziale Situationen, an denen andere Menschen beteiligt sind – haben ihre eigene Dynamik.

WIR BETRACHTEN UNS GERN ALS SOUVERÄN HANDELNDE UND SCHREIBEN UNS DABEI DOCH FAST IMMER MEHR KONTROLLE ZU, ALS WIR TATSÄCHLICH HABEN.

Wer sich schon einmal das Rauchen abgewöhnt oder mit einer anderen lieben Gewohnheit gebrochen hat, wird vielleicht mehr Verständnis für diesen fundamentalen Irrtum haben: Oft ist es nämlich einfacher, der Zigarette gleich ganz fernzubleiben, als sich dem situationalen Druck einer gerauchten Zigarette auszusetzen, die man sich unter dem Motto „eine ist keine" gönnen wollte. Hat man sich nämlich einmal in die Situation begeben bzw. die entsprechenden Bedingungen geschaffen, wird es wieder enorm schwierig herauszufinden.

Der Begriff der Versuchung ist in der wissenschaftlichen Psychologie vielleicht nicht so sehr gebräuchlich, er trifft aber das Problem recht gut. Auch damit ist eine Umweltbedingung gemeint, der nur schwer zu widerstehen ist. Klug und intelligent ist es jedenfalls nicht, sich einer Versuchung auszusetzen. Im Gegenteil: Klug würde man jemanden nennen, der die Schwierigkeit der Situation kennt und der daher einen großen Bogen darum macht.

Was sollten wir also tun? Nehmen wir das Beispiel ablenkender Telefonate: Es ist sicher objektiv leichter, sich gar nicht erst auf ein Gespräch einzulassen, als ein bereits laufendes Gespräch zu beenden. In Fällen, wo die Gespräche bereits mit einer extrem lästigen Häufigkeit vorkommen, ist also ein frühzeitiges Abblocken angezeigt. Menschen in dieser Situation brauchen nicht so sehr ein Kommunikationstraining, das ihnen das Beenden von Telefonaten erleichtert. Sie brauchen vielmehr einen Anrufbeantworter, einen „Privatsekretär", der sie vor Anrufen schützt, ein Arbeitszimmer ohne Telefon. Vielleicht ergibt die Situationsanalyse sogar, dass ein noch radikalerer Tapetenwechsel vernünftig wäre – jedenfalls um die ablenkenden Situationseinflüsse zu reduzieren. Das wäre also eine weitere Konsequenz aus der Situationsanalyse:

PROBLEMATISCHE SITUATIONEN SOLLTEN VON ANFANG AN GEMIEDEN WERDEN. ES IST ALLEMAL BESSER, SICH GAR NICHT ERST EINER SITUATION AUSZUSETZEN, IN DER MAN OHNEHIN AUF DIE PROBE GESTELLT WÜRDE.

Situationen sind in der Regel stärker, als wir uns das im Vorhinein ausmalen.

8.2 Der Organismus: Motive und Aktivation

Auf der Ebene der Organismusvariablen stellt sich die Frage, wie wir unsere Umweltbedingungen deuten und bewerten. Die Organismusvariablen sind natürlich eng verwoben mit dem Verhalten. Allerdings: Das eine kann man beobachten, das andere nicht. Was wir über die Einstellung eines Menschen sagen können, müssen wir aus Situation und Verhalten erschließen.

8.2.1 Motive

Natürlich fragt man aufseiten des Organismus nach den Motiven. Wo steht eine Person zum Beispiel auf den drei großen Variablen: Leistung, Macht und Anschluss? Oft genug wissen wir das auch von uns selbst nicht so genau. Wir sind keineswegs unfehlbare Kenner unseres Motivhaushalts.

Nicht wenige karriereorientierte Manager sind überrascht, wenn ihnen die „Beförderung" zur Führungskraft, auf die sie so lange hingearbeitet haben, weniger Befriedigung bringt als die vorherige Tätigkeit. Vielleicht sind sie eben gar keine „Macht"-Menschen. Vielleicht hat sie die Beförderung nur als ein Ziel fasziniert, eine Gelegenheit, die eigenen Leistungsmöglichkeiten auszufahren. Eine andere Person freut sich am Erreichten vielleicht nicht so sehr der Leistung wegen, sondern wegen des Prestigegewinns, der damit verbunden sein mag.

FÜR DIE GEZIELTE MOTIVATION IST ES WICHTIG ZU WISSEN, WAS GENAU UNS ODER DEN ANDEREN BEFRIEDIGT.

Und hier genügt es eben nicht, einfach nur in sich „hineinzuhorchen" beziehungsweise den anderen zu fragen. Es lohnt sich schon mehr, der Fantasie freien Lauf zu lassen und über längere gedankliche Strecken einmal auszuspinnen, wie das wohl wäre, wenn dies oder jenes der Fall wäre: Wenn man diese Stelle oder jene Kollegen hätte, wenn man hier wohnen oder zu jener Gruppe dazugehören würde.

Dies sind sinnvolle Methoden, um herauszufinden, was einen anspricht. Letztlich sind es auch die besten Methoden, um festzustellen, ob Ihre Ziele auch wirklich zu Ihnen passen.

Wie in Kapitel 2 ausgeführt, schließen sich die großen Drei nicht gegenseitig aus, man könnte also gleichermaßen macht-, anschluss- und leistungsmotiviert sein. Das hat einige wichtige praktische Konsequenzen:

→ Wenn Sie feststellen, dass Sie selbst oder ein anderer von Leistungsthemen stark angesprochen wird, dann heißt das nicht, dass Sie für die anderen Themen taub sind. Aus der „Diagnose" für einen Motivbereich kann man für die anderen nichts schließen.

→ Die gleiche Situation kann Anreize für verschiedene Motive bieten. Man kann daher einerseits verschieden motivierte Menschen mit derselben Situation motivieren, andererseits kann man eine Person, die verschiedene Motive hat, umso stärker motivieren, je mehr Motive bei ihr angesprochen werden.

→ Motive können in Konflikt geraten. Zum Beispiel kann jemand, der sein Macht-motiv auslebt, bei anderen weniger beliebt sein. Das würde dann sein An-schlussmotiv frustrieren, sofern dies bei ihm ausgeprägt ist.

8.2.2 Aktivation und Entspannung

Blinder Eifer schadet nur. Dies ist als Motto sicher besonders für Faulpelze attraktiv. Aber natürlich enthält diese Redensart auch eine wichtige Einsicht: Purer Aktionis-mus führt oft am Ziel vorbei. Es gibt ein Phänomen, das man vielleicht als „Übermoti-vation" (vgl. Comelli & v. Rosenstiel, 1995, S. 54ff) bezeichnen könnte.

Dem klassischen Yerkes-Dodson-Gesetz (Yerkes & Dodson, 1908) zufolge ist der Zu-sammenhang zwischen Leistung und Aktivation immer kurvilinear, und zwar hat er die Form eines umgekehrten U (siehe Abbildung). Das Yerkes-Dodson-Gesetz behaup-tet also, dass es immer ein Optimum an Aktivation gibt, jenseits dessen die Qualität der Leistung wieder abnimmt.

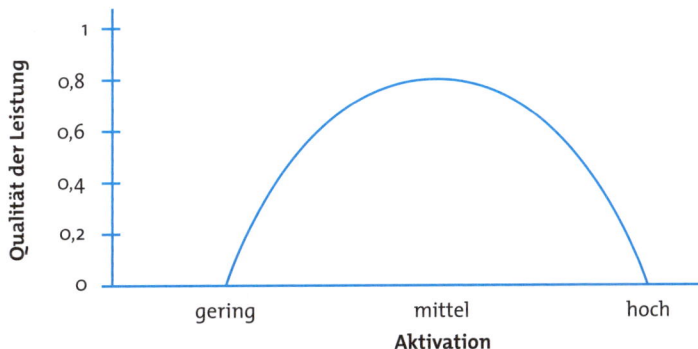

Qualität der Leistung in Abhängigkeit vom Aktivationsniveau: Schemazeichnung des Yerkes-Dodson-Gesetzes

Wo das Optimum liegt, wird wesentlich davon bestimmt, wie schwierig oder komplex die Aufgabe ist, um die es geht. Bei leichten Aufgaben steigt die Qualität der Lösung noch mit der Stärke der Aktivation; ein Absinken ist erst bei sehr hoher Erregung zu beobachten. Bei schweren Aufgaben jedoch ist das Optimum schnell erreicht; hier schadet die Erregung bereits bei einer verhältnismäßig moderaten Ausprägung. Offenbar hat jede Aufgabe ihr eigenes Erregungsoptimum.

Nun bedeutet eine hohe Motivation auch einen hohen Grad an Aktivation, also einen Zustand, in dem man vor blindem Eifer und Aktionismus nicht sicher ist. Heißt das also, dass man auch zu stark motiviert sein kann? In der Tat gibt es Situationen, in denen nur eine mittlere Ausprägung der Motivation optimale Ergebnisse erwarten läßt (Kleinbeck, 1996, S. 15).

AUS DEM YERKES-DODSON-GESETZ ERGIBT SICH, DASS ENTSPANNUNG UND GELASSENHEIT WICHTIGE ELEMENTE DER MOTIVATION SIND.

Bedenken Sie nur, dass Sie nicht alle Aufgaben, zu denen Sie Ihre Motivation brauchen, angenehm oder neutral bewerten. Einige sind durchaus aversiv, denken Sie an unangenehme Gespräche, schwierige Verhandlungen, die Präsentation schlechter Geschäftsergebnisse und so weiter. Die Wahrscheinlichkeit, einer unangenehmen Situation auszuweichen, ist unter Anspannung höher, als wenn Sie entspannt sind. Das liegt daran, dass hohe Anspannung unter anderem auch Fluchtreaktionen vorbereitet.

Nicht nur Flucht, sondern auch Aggressionen werden unter Anspannung wahrscheinlicher. Außerdem lernt man unter Anspannung schlechter. Zum einen ist die Konzentration unter Anspannung herabgesetzt. Zum anderen haben wir bei erhöhter Erregung die Tendenz, in alte Verhaltensmuster zurückzufallen. Das ist besonders dann problematisch, wenn wir versuchen, eine schlechte Gewohnheit abzulegen und ein neues Verhalten zu erlernen. Stellen Sie sich zum Beispiel vor, Sie wollten sich endlich abgewöhnen, bei Vorträgen am Manuskript zu kleben oder ständig mit dem Kugelschreiber zu klicken. Dieses Vorhaben wird Ihnen umso schwerer fallen, je angespannter Sie bei Ihrem Vortrag sind.

DIES SIND GRÜNDE, DIE DAFÜR SPRECHEN, NUR MIT EINER MITTLEREN ANSPANNUNG – UND DAS KANN MANCHMAL AUCH HEISSEN: MIT EINEM MODERATEN MASS AN MOTIVATION – IN EINE LEISTUNGSSITUATION ZU GEHEN.

Nun hat die Entspannung zwei Facetten, eine geistige und eine körperliche. Zwischen beiden besteht eine enge Verbindung. Dies haben Sie schon weiter oben unter dem Begriff „Embodiment" kennen gelernt (vgl. Kap. 2.4).

Diese Verbindung zwischen körperlicher und geistiger Reaktion können Sie offenbar zu mehr nutzen als nur dazu, durch Entspannung für günstige Arbeitsvoraussetzungen zu sorgen. Auch hier gilt wieder der aristotelische Rat (vgl. Kap. 4.2):

Um sich zu motivieren, verhalten Sie sich am besten so, als wären Sie es schon. Das gilt offenbar auch für das körperliche Verhalten wie Haltung und Gesichtsausdruck.

Vergleichbare Empfehlungen werden vielfach in Unternehmen umgesetzt, wenn es darum geht, dass Mitarbeiter eine bestimmte Haltung einnehmen sollen. Beispielsweise schreiben Callcenter bestimmte Kleidung am Telefon vor, weil sie daraus Rückwirkungen auf den Telefonierstil erwarten.

Es ist sicher kein Fehler, sich auch um physische Entspannung zu bemühen. Dies kann man unter anderem durch konkrete Entspannungstechniken erreichen, etwa autogenes Training (z.B. Krampen, 1998) oder progressive Muskelentspannung (Jacobson, 1977).

8.2.3 Geistige Entspannung

Kommen wir zur geistigen Entspannung. Sie soll ja eigentlich erreicht werden; die körperliche Entspannung ist eher nur das Mittel hierzu.
→ Was sind nun die wichtigsten Zeichen geistiger Anspannung?
→ Wovon wollen wir uns entspannen?
→ Welche Punkte in unserer Aktivation schaden uns eher, als sie uns nützen?

Der erste Punkt ist die Kontrollerwartung: Wenn wir hoch motiviert sind, haben wir auch oft das Gefühl oder das Bedürfnis, dass alle kommenden Ereignisse in unserer Verantwortung liegen, dass wir die Situation voll beherrschen sollen.
Aber Vorsicht: Allzu hohe Kontrollerwartungen sind kontraproduktiv. Zum einen erhöhen sie den Stress und verringern damit ab einem bestimmten Ausmaß der Anspannung die Qualität der Leistung. Zum anderen sorgen hohe Kontrollerwartungen auch für eine geringere Flexibilität nach Fehlschlägen. Man kann zum Beispiel zeigen, dass Personen mit höherer Kontrollerwartung hartnäckiger an Aufgaben kleben bleiben, die eigentlich nicht lösbar sind (z.B. Janoff-Bulman & Brickman, 1982). Wenngleich Hartnäckigkeit an sich keine schlechte Sache ist, bedeutet sie doch in solchen Fällen eine Verschwendung von Energie, die besser in neue, lohnendere Aufgaben investiert würde.

Der nächste Punkt ist der Perfektionismus, über den wir ja schon oben in Kap. 5.4 gesprochen haben: Die Aufforderung „Sei perfekt" ist in dieser Form wahrscheinlich so lächerlich, dass kaum jemand ihr ernsthaft zustimmen würde. Trotzdem handeln wir vielfach so, als hätten wir heimlich doch eine Verpflichtung unterschrieben, stets perfekt zu sein. Dies zeigt sich weniger in überragender Qualität unserer Arbeitsergebnisse, sondern eher in unserer Reaktion darauf, wenn wir das Ziel der Perfektion verfehlen. Ob wir heimliche Perfektionisten sind, offenbart sich, wenn eine Welt für uns zusammenstürzt, bloß weil die erhoffte Belobigung nicht herauskam oder ein bestimmter Mensch einmal nicht freundlich zu uns war. Auch als Perfektionisten neigen wir dazu, Mühen falsch zu investieren.

Um wirklich effektiv zu sein, müssen Sie sich vom Perfektionismus verabschieden und sich stattdessen auch einmal sagen: „Es genügt so" oder „Du musst nicht unbedingt stark und perfekt sein, es ist schon o.k. so, wie du bist".

8.3 Die Reaktion: Konzentrierte und unkonzentrierte Tätigkeit

Wir betrachten die Reaktionsseite als denjenigen Teil aus der Verhaltensanalyse, der nicht spekulativ ist – zumindest ist der zentrale Aspekt der Reaktion eben das beobachtbare Verhalten. Schließen Sie aber daraus nicht, Ihr Verhalten liege offen zutage, Sie selbst könnten sich fehlerfrei daran erinnern und jeder andere müsse ebenfalls wissen, was Sie wann wie lange getan haben. Genau darüber täuschen wir uns nämlich oft.

SIE SOLLTEN IHR VERHALTEN EINE ZEIT LANG SYSTEMATISCH SELBST BEOBACHTEN.

> ### → Aufgabe
>
> *Führen Sie einmal darüber Protokoll, was Sie an einem Tag wann und wie lange tun. Wählen Sie ein Verfahren, wie es auch in Leitfäden zum Zeitmanagement – dort für einen anderen Zweck – vorgeschlagen wird. Am besten machen Sie sich Stunde für Stunde eine kurze Notiz, wie Sie den letzten Zeitabschnitt zugebracht haben. Es gibt natürlich noch viele andere Methoden – wichtig ist nur, dass Sie Ihre Tätigkeiten sozusagen „online" und nicht aus dem Gedächtnis erheben.*
>
> *Sie werden nicht selten erstaunt sein, welche Tätigkeiten Zeit „gefressen" haben und welche – so lang sie Ihnen erschienen sein mochten – im Grunde doch sehr kurz waren. Vergleichen Sie ein solches Protokoll dann auch einmal mit einem Bericht aus der Erinnerung. Sie werden feststellen, dass dieser Bericht wohl unvollständig war.*
>
> *Wenn Sie diese Analyse an sich selbst vornehmen, wird sie nicht ganz frei von Verzerrungen sein, trotzdem wäre wohl schon von einer „Selbst"-Analyse ein verwertbares Ergebnis zu erwarten. Egal, wer's macht, wir brauchen ein Bild davon, wie unsere Arbeit vonstattengeht. Achten Sie dabei besonders auf Richtung, Dauer und Intensität Ihres Verhaltens, denn diese Aspekte sind ja nach allem in diesem Buch Ausgeführten die Schlüssel zu Ihrer Motivation. Demnach sollte aus einem Protokoll Folgendes hervorgehen:*
>
> ? *Welche Tätigkeiten sind es überhaupt, die sich über den ganzen Tag verteilen? Kennen wir bereits alle oder sind bestimmte dabei,*

> *die uns vielleicht nicht eingefallen waren (z.B. brauchen Sie vielleicht – ohne dass Ihnen das bewusst wäre – am Morgen besonders lange, um in die Gänge zu kommen; was hält Sie auf?)?*
>
> ? *Wie viel Zeit stecken Sie in verschiedene Tätigkeiten? Wie lange nehmen Sie Verwaltungsaufgaben, Sortieren auf Ihrem Schreibtisch, Telefonate wirklich in Beschlag?*
>
> ? *Wie intensiv ist die Beschäftigung mit den einzelnen Aufgaben jeweils? Was tun Sie noch nebenher (z.B. Tee trinken, rauchen beim Aktenstudium, Musik hören beim Sortieren des Schreibtisches ...)? Unterbrechen Sie bestimmte Tätigkeiten häufiger als andere? Gibt es andere Anzeichen der Ablenkbarkeit?*
>
> *Das, womit Sie sich lange und intensiv beschäftigen, ist ein Kandidat für einen Verstärker.*

Die Verhaltensweisen, die Sie mit obiger Methode als Verstärker identifiziert haben, können dann in einem späteren Schritt eingesetzt werden, indem sie an das erwünschte und zielführende Verhalten gekoppelt werden.

Wenn Sie diese Analyse selbst vornehmen, könnte das die Objektivität und die Repräsentativität des Ergebnisses stören. Ein Störeinfluss dürfte die Tendenz zur Beschönigung sein, bei der Sie sich vielleicht mehr produktive Zeit zuschreiben, als Sie tatsächlich hatten.

Ein anderer mächtiger Einfluss ist der folgende: Wenn Sie sich selbst besonders gut beobachten, werden Sie vermutlich automatisch sorgfältiger, kontrollierter und geordneter arbeiten als sonst. Dieser Effekt ist freilich auch dann zu erwarten, wenn Sie nicht von sich selbst, sondern einer anderen Person beobachtet werden. Insofern ist diese Verfälschungstendenz kaum ganz auszuschalten. Was eigentlich erst der „Diagnose" und „Indikationsstellung" dienen sollte, bekommt einen beinahe „therapeutischen" Wert, Sie profitieren von der „nebenbei" gewonnenen Ordnung und Systematik der Arbeit.

8.4   Die Konsequenz: Verstärker

Bei der Verhaltensanalyse ging es natürlich nicht zuletzt um die Suche nach Kontingenzen. Was ist damit gemeint? Wir wollen wissen, welche unmittelbaren Folgen mit unseren einzelnen Tätigkeiten verbunden sind. Vielleicht haben Sie Kollegen und Vorgesetzte, die einen sehr selbstständigen Stil loben, sodass Sie also dafür „belohnt" werden, dass Sie im stillen Kämmerlein vor sich hinarbeiten, ohne dass jemand anders davon Notiz nimmt. Das wären denkbare externe Verstärker. Erinnern Sie sich bitte an die Ausführungen in Abschnitt 7.2.

Bedenken Sie, dass es Verstärker gibt, die Ihnen bereits im Vorhinein bekannt sind, das sind dann auch Anreize, und dass es andere Verstärker gibt, die sich ‚unerwartet' und manchmal sogar unbemerkt einstellen.

Über Anreize und ihre Problematik wurde in Kapitel 7 schon viel gesagt. Bei der Verhaltensanalyse können Sie aber auch auf Verstärker stoßen, die Sie bislang gar nicht bemerkt hatten.

Sie werden sich nun vielleicht fragen, wie man bei der eigenen Person nicht bemerken kann, welche Umweltbedingungen als Verstärker wirken. Stellen Sie sich aber nur folgende Übung vor: Wenn Ihr Gesprächspartner die Worte „ich", „mich" oder „mein" verwendet, nicken Sie einfach oder sagen „Ja". Sie verstärken damit sein Reden über seine eigene Person. In der Folge wird er mehr von sich sprechen und mehr von sich preisgeben, vermutlich aber, ohne zu wissen, dass Ihr Nicken dieses Verhalten bei ihm verstärkt hat.

So hängen wir oft von subtilen Bedingungen aus der Umwelt ab – übrigens ohne dass, wie im Beispiel, die Menschen in unserer Umwelt diese Bedingungen ihrerseits absichtlich und aktiv beeinflussen. Wenn Sie sich privat in der Familie und gleichzeitig beruflich in einem Projekt engagieren und im einen Bereich ein besseres Echo als im anderen erhalten, dann wird das entscheidend beeinflussen, wo Sie sich letztlich mehr einbringen. Dabei kann es genügen, dass der Chef beim einen Projekt einen Glanz in die Augen bekommt, der bei Ihrem Partner angesichts Ihres familiären Engagements ausbleibt.

Sie müssen nun nicht unbedingt nach kaum wahrnehmbaren, gleichsam ‚unterschwelligen' Verstärkern suchen.

Sie sollten aber immer bedenken, dass wirksame Verhaltenskonsequenzen keineswegs immer bereits im Vorhinein bekannt sind, dass sie manchmal unerwartet kommen und dass sie oft unbemerkt wirken.

Beachten Sie auch die Verhaltenskonsequenzen für das unerwünschte Verhalten. Leider werden nämlich oft genug Verhaltensweisen, die uns nicht zum Ziel führen, geradezu „fürstlich" belohnt.

Was ist zum Beispiel die Folge, wenn man sich vor unangenehmen Aufgaben drückt? Man riskiert keinen Misserfolg, man hat vielleicht sogar mehr Freizeit, man erhöht nicht die Leistungsstandards, man entgeht mancherlei Stress. Klingt doch gar nicht so übel. Und so ganz falsch ist das ja auch gar nicht.

Hier ist wieder der Wille, die „Volition" gefragt. Aber auch die Verstärkertheorie hat zwei Vorschläge, die sich nun über das Thema Selbstmotivation hinaus auf die Motivation anderer beziehen:

→ Erstens sollte man die Verstärkerwirkung des unerwünschten Verhaltens abstellen (indem man die Leistungsstandards auch für Drückeberger erhöht und so auch den Faulpelzen Stress verschafft).

→ Zweitens sollte man dafür sorgen, dass das richtige Verhalten auch verstärkt wird.

Quellen und Literatur

Wie in der Einleitung beschrieben, stellt dieses Buch wesentliche wissenschaftlich gesicherte Erkenntnisse vor, aber Sie müssen sich nicht mit den dahinterliegenden Forschungen und Theorien auseinandersetzen. Nicht nur um der wissenschaftlichen Redlichkeit willen, sondern auch, um interessierten Lesern zu ermöglichen, die vorgestellten Begriffe, Konstrukte, Theorien tiefer gehend zu studieren, sind hier alle Quellen und Literaturangaben zusammengestellt, die im laufenden Text erwähnt werden.

- Aamodt, M. G. (1999). Applied Industrial/Organizational Psychology. Belmont, CA: Wadsworth Publishing.
- Adelmann, P. K. & Zajonc, R. B. (1989). Facial efference and the experience of emotion. Annual Review of Psychology, 40, 249–280.
- Alloy, L. B. & Abramson, L. Y. (1979). Judgment of contingency in depressed and nondepressed students: Sadder but wiser? Journal of Experimental Psychology: General 108, 441–485.
- Aristoteles. (1957). Nikomachische Ethik (übersetzt von F. Dirlmeier). Frankfurt: Fischer.
- Aronson, E. & Carlsmith, J. M. (1962). Performance expectancy as a determinant of actual performance. Journal of Abnormal and Social Psychology, 65, 178–182.
- Aronson, E., Wilson, T. & Akert, R. M. (2004). Sozialpsychologie. 4., aktualisierte Auflage. München: Pearson.

- Baumeister, R. F. (2002). Yielding to temptation: Self-control failure, impulsive purchasing, and consumer behavior. Journal of Consumer Research, 28, 670–676.
- Brandtstädter, J. & Felser, G. (2003). Entwicklung in Partnerschaften: Risiken und Ressourcen. Bern: Huber.
- Brockner, J., Mouser, R., Birnbaum, G., Lloyd, K., Deitcher, J., Nathanson, S. & Rubin, J. S. (1986). Escalation of commitment to an ineffective course of action. Administrative Science Quaterly, 31, 109–126.
- Brunstein, J. C., Schulteiß, O. C. & Gräßmann, R. (1998). Personal goals and emotional well-being: The moderating role of motive dispositions. Journal of Personality and Social Psychology, 75, 494–508.

- Cialdini, R. B. (2008). Influence – Science and Practice. New York: Harper Collins Publishers.
- Cialdini, R. B., Cacioppo, J. T., Bassett, R. & Miller, J. (1978). Low-ball procedure for compliance: Commitment then cost. Journal of Personality and Social Psychology, 36, 463–476.
- Comelli, G. & Rosenstiel, L. v. (1995). Führung durch Motivation. Mitarbeiter für Organisationsziele gewinnen. München: Beck.

→ Deci, E. L. (1971). Effects of externally mediated rewards on intrinsic motivation. Journal of Personality and Social Psychology, 18, 105–115.

→ Felser, G. (2000). Motivationsmethoden für Wirtschaftsstudierende. Sich selbst und andere motivieren. Berlin: Cornelsen.
→ Felser, G. (2007). Werbe- und Konsumentenpsychologie. 3. Auflage. Heidelberg: Spektrum Akademischer Verlag.
→ Freud, S. (1991; Orig. 1940). Vorlesungen zur Einführung in die Psychoanalyse. Frankfurt am Main: Fischer.

→ Galinsky, A. G. & Mussweiler, T. (2001). First offers as anchors: The role of perspective taking and negotiator focus. Journal of Personality and Social Psychology, 81, 657–669.
→ Goschke, T. (2002). Volition und kognitive Kontrolle. In J. Müsseler & W. Prinz (Eds.), Allgemeine Psychologie (pp. 272–335). Heidelberg: Spektrum Akademischer Verlag.
→ Goschke, T. & Kuhl, J. (1996). Remembering what to do: Explicit and implicit memory for intentions. In M. Brandimonte, G. Einstein & M. McDaniel (Eds.), Prospective memory: Theory and applications (pp. 53–91). Hillsdale, NJ: Erlbaum.

→ Hermans, H., Peterman, F. & Zielinski, W. (1988). LMT – Leistungsmotivationstest. Amsterdam: Swets en Zeitlinger.
→ Hodapp, V. & Schnabel, E. M. (2003). Ärger und kardiovaskuläre Reaktionen – Ergebnisse psychophysiologischer Studien. In J. Koblitz & N. Posse (Eds.), Weiterbildung und Beratung – Zum Dialog von Theorie und Praxis. Festschrift für Christine Schwarzer. Berlin: Logos.
→ Hofmann, W., Rauch, W. & Gawronski, B. (2007). And deplete us not into temptation: Automatic attitudes, dietary restraint, and self-regulatory resources as determinants of eating behavior. Journal of Experimental Social Psychology, 43, 497–504.

→ Jacobson, E. (1977). The origins and development of progressive relaxation. Journal of Behavior Therapy & Experimental Psychiatry, 8, 119–123.
→ Janoff-Bulman, R. & Brickman, P. (1982). Expectations and what people learn from failure. In N. T. Feather (Ed.), Expectations and actions: Expectancy-value models in psychology (pp. 207-237). Hillsdale, NJ: Erlbaum.

→ Kahneman, D., Knetsch, J. L. & Thaler, R. H. (1990). Experimental test of the endowment effect and the coase theorem. Journal of Political Economy, 98, 1325–1347.
→ Kleinbeck, U. (1996). Arbeitsmotivation: Entstehung, Wirkung und Förderung. Weinheim: Juventa.
→ Knox & Inkster (1968). Postdecision dissonance at post time. Journal of Personality and Social Psychology, 8, 319–323.

→ Koglin, U., Witthöft, J. & Petermann, F. (2009). Gewalthaltige Computerspiele und aggressives Verhalten im Jugendalter. Psychologische Rundschau, 60 (3), 163–172.

→ Komaki, J. L., Coombs, T. & Schepman, S. (1996). Motivational implications of reinforcement theory. In R. M. Steers, L. W. Porter & G. A. Bigley (Eds.), Motivation and leadership at work (sixth edition) (pp. 34–52). New York: McGraw-Hill.

→ Krampen, G. (1998). Einführungskurs zum Autogenen Training. Ein Lehr- und Übungsbuch für die psychosoziale Praxis. Göttingen: Hogrefe.

→ Kuhl, J. (o.J.): Kurzanweisung zum Fragebogen HAKEMP 90. Unveröffentlichtes Manuskript: Universität Osnabrück.

→ Kuhl, J. (1983). Motivation, Konflikt und Handlungskontrolle. Berlin: Springer.

→ Kuhl, J. & Beckmann, J. (Eds.) (1994). Volition and personality: Action versus state orientation. Toronto/Göttingen: Hogrefe.

→ Kuhl, J. & Weiß, M. (1994). Performance deficits following uncontrollable failure: Impaired action control or generalized expectancy deficits? In J. Kuhl & J. Beckmann (Eds.), Volition and personality: Action versus state orientation (pp. 317–328). Toronto/Göttingen: Hogrefe.

→ Kunda, Z. (1990). The case for motivated reasoning. Psychological Bulletin, 108, 480–498.

→ Lepper, M. R., Greene, D. & Nisbett, (1973). Undermining children's intrinsic interest with extrinsic reward: A test of the „overjustification" hypothesis. Journal of Personality and Social Psychology, 28, 129–137.

→ Locke, E. A. & Latham, G. P. (1990). A theory of goal setting and task performance. Englewood, NJ: Prentice Hall.

→ Locke, E. A., Shaw, K. N., Saari, L. M. & Latham, G. P. (1981). A theory of goal setting and task performance. Englewood Cliffs, N.J.: Prentice Hall.

→ Maheswaran, D. & Meyers-Levy, J. (1990). The influence of message framing and issue involvement. Journal of Marketing Research, 27, 361–367.

→ Mauss, I. B., Evers, C., Wilhelm, F. H. & Gross, J. J. (2006). How to bite your tongue without blowing your top: Implicit evaluation of emotion regulation predicts affective responding to anger provocation. Personality and Social Psychology Bulletin, 32, 589–602.

→ McAdams, D. P. & Vaillant, G. E. (1982). Intimacy motivation and psychosocial adjustment: A longitudinal study. Journal of Personality Assessment, 46, 586–593.

→ McClelland, D. C. & Franz, C. E. (1992). Motivational and other sources of work accomplishment in mid-life: A longitudinal study. Journal of Personality, 60, 679–707.

→ Müller, G. & Braun, W. (2009). Selbstführung. Wege zu einem erfolgreichen und erfüllten Berufs- und Arbeitsleben. Bern: Huber.

→ Muraven, M. & Baumeister, R. F. (1998). Self-regulation and depletion of limited resources: Does self-control resemble a muscle? Psychological Bulletin, 126, 247–259.

→ Myers, D. (1988). Social psychology. New York: McGraw Hill.

→ Niedenthal, P. M. (2007). Embodying emotion. Science, 316, 1002–1005.

→ Nisbett, R. E. & Wilson, T. D. (1977). Telling more than we can know: Verbal reports and mental processes. Psychological Review, 84, 231–259.

→ Noller, P., Beach, S. & Osgarby, S. (1997). Cognitive and affective processes in marriage. In W. K. Halford & H. J. Markman (Eds.), Clinical Handbook of Marriage and Couples Intervention (pp. 43–71). New York: Wiley.

→ O'Shaughnessy, J. (1987). Why people buy. New York: Oxford University Press.

→ Oppermann-Weber, U. (2004): Handbuch Führungspraxis. Berlin: Cornelsen.

→ Puca, R. M. & Langens, T. A. (2002). Motivation. In J. Müsseler & W. Prinz (Eds.), Lehrbuch Allgemeine Psychologie. Heidelberg: Spektrum Akademischer Verlag.

→ Rosenstiel, L. v. (2001). Motivation im Betrieb. Mit Fallstudien aus der Praxis. 10., überarbeitete und erweiterte Auflage. Leonberg: Rosenberger Fachverlag.

→ Salovey, P., Mayer, J. D. & Rosenhan, D. L. (1991). Mood and helping: Mood as a motivator of helping and helping as a regulator of mood. Prosocial behavior. In M. S. Clark (Ed.), Prosocial behavior. Review of personality and social psychology, Vol. 12. (pp. 215–237). Thousand Oaks, CA: Sage Publications, Inc.

→ Schwartz, B., Ward, A., Monterosso, J., Lyubomirsky, S., White, K. & Lehman, D. R. (2002). Maximizing versus satisficing: Happiness is a matter of choice. Journal of Personality and Social Psychology, 83, 1178–1197.

→ Seligman, M. E. (1973). Fall into helplessness. Psychology Today, 7, 43–48.

→ Shamir, B. (1996). Meaning, self and motivation in organizations. In R. M. Steers, L. W. Porter & G. A. Bigley (Eds.), Motivation and leadership at work (sixth edition) (pp. 149–165). New York: McGraw-Hill.

→ Smith, C. P. (1992). Motivation and Personality. Handbook of Thematic Content Analysis. Cambridge: University Press.

→ Sprenger, R. K. (1999). 30 Minuten für mehr Motivation. Offenbach: Gabal Verlag.

→ Sprenger, R. K. (2007). Mythos Motivation: Wege aus einer Sackgasse. 13., erweiterte und aktualisierte Auflage. Frankfurt am Main: Campus.

→ Stepper, S. & Strack, F. (1993). Proprioceptive determinants of emotional and nonemotional feelings. Journal of Personality and Social Psychology, 64, 211–222.

→ Strack, F., Martin, L. L. & Stepper, S. (1988). Inhibiting and facilitating conditions of facial expressions: A nonobtrusive test of the facial feedback hypothesis. Journal of Personality and Social Psychology, 54, 768–777.

→ Stroebe, R. W. & Stroebe, G. H. (1999). Führungsstile. Arbeitshefte Führungspsychologie, Band 3. Heidelberg: Sauer-Verlag.

→ Yerkes, R. M. & Dodson, J. D. (1908). The relation of strength of stimulus to rapidity of habit formation. Journal of Comparative Neurology of Psychology, 18, 459–482.

Stichwortverzeichnis

Der Autor

Prof. Dr. Georg Felser vertritt an der Hochschule Harz in Wernigerode als Hochschullehrer im Studiengang Wirtschaftspsychologie die Markt- und Konsumpsychologie. Nach seinem Studium der Psychologie und Philosophie hatte er in Trier promoviert und an der Martin-Luther-Universität Halle-Wittenberg gearbeitet. Georg Felser hat Fachbücher zur Motivations-, Konsumenten- und Partnerschaftspsychologie veröffentlicht und arbeitet in verschiedenen Marktforschungs- und Marketingprojekten, beispielsweise zu Themen der Kundenzufriedenheit oder zur Preissensibilität. Seine Forschungsschwerpunkte liegen in der unbewussten Beeinflussung von Konsumenten, der Entstehung von Kundenzufriedenheit sowie in der Entscheidungsanalyse.

http://gfelser.hs-harz.de/

Die Ergänzungen stammen von den Personalentwicklungsexperten Horst Bastian und Sandra Peters:

Horst Bastian ist geschäftsführender Gesellschafter der europetrain GmbH Bad Salzuflen, einem international tätigen Unternehmen in der Personalentwicklung, und Dozent für Verkaufspsychologie an der Fachhochschule der Wirtschaft in Bielefeld und Paderborn. Er ist seit mehr als 20 Jahren als Berater, Trainer und Coach tätig.

Sandra Peters arbeitet seit mehr als 12 Jahren in den Bereichen Personal- und Organisationsentwicklung, Training und Beratung. Als Geschäftsführerin der europetrain GmbH Bad Salzuflen unterstützt sie Unternehmen darin, interne Veränderungen, Prozesse und Weiterentwicklungen umzusetzen. Ein besonderer Schwerpunkt ihrer Arbeit bildet das Talent Management, die Potenzialanalyse sowie die Nachwuchsförderung.

Der Personalentwickler an Ihrer Seite

Mit der Philosophie „Menschen beraten Menschen" bietet europetrain Ihnen individuelle und ganzheitliche Lösungen im Bereich PE/OE. Mit Fachkompetenz, Empathie und über 25 Jahren Erfahrung als Führungskräfte und Unternehmer begleitet europetrain Sie als Partner in Projekten. europetrain orientiert sich an Ihren Bedürfnissen und entwickelt gemeinsam Lösungen, die Ihnen eine optimale Zielerreichung garantieren.

Geschäftsbereiche ▶▶▶▶▶

academy ▶ „Schlüsselkompetenzen entwickeln und erweitern"
- Offenes Seminarprogramm mit 39 Themen
- Firmeninterne Seminare

coaching ▶ „Erfolgsdenken verankern"
- Einzel- und Gruppencoaching
- Coaching „on the job"

consulting ▶ „Prozesse implementieren und begleiten"
- Assessment Center und Auditierungen
- Management Entwicklungsprogramme
- Personalentwicklungskonzepte

multiplication ▶ „Multiplikatoren ausbilden"
- Gesundheitsmanagement
- Zertifizierte Change Management Ausbildung
- Nachhaltigkeit und Erfolgskontrolle in Training, Beratung und Coaching

services ▶ „Organisation delegieren"
- Relocation Service
- Seminar- und Eventservice

europetrain GmbH I Bahnhofstraße 11 I 32105 Bad Salzuflen
Tel.: +49 5222 96060-0 I Email: info@europetrain.de
www.europetrain.de

Der Coach für Sie

Berufliche Themen kompakt

Training kompakt wendet sich an Sie, wenn Sie zu einem grundlegenden Trainingsthema den schnellen Überblick suchen – alles Wesentliche ist drin, aber eben kompakt. Natürlich trainings-mäßig aufbereitet – mit Lernzielen, (Fall-)Beispielen für den Praxistransfer und Übungen.

Kommunikation im Job
ISBN 978-3-589-23992-4

**Kreativitätstechniken –
kreative Problemlösung und
Entscheidungsfindung**
ISBN 978-3-589-23986-3

**Kundenakquise für
Selbstständige und
Freiberufler**
ISBN 978-3-589-23988-7

**Marketing umsetzen –
der Marketing-Mix**
ISBN 978-3-589-23985-6

**Marketing-Grundlagen –
verstehen und anwenden**
ISBN 978-3-589-23989-4

**Mitarbeiter-Coaching
für Führungskräfte**
ISBN 978-3-589-23998-6

**Mitarbeiterführung – leiten,
motivieren, kooperieren**
ISBN 978-3-589-23997-9

NLP im Beruf anwenden
ISBN 978-3-589-23996-2

Personalmanagement
ISBN 978-3-589-23993-1

**Professionelle
Telefonakquise**
ISBN 978-3-589-23987-0

**Projektmanagement –
Methoden und Tools**
ISBN 978-3-589-23932-0

**Rhetorik – professionelle
Redefertigkeit**
ISBN 978-3-589-23933-7

**Strategien und Methoden
zur Kundenbindung**
ISBN 978-3-589-23990-0

Teammanagement
ISBN 978-3-589-23999-3

**Trainingseinkauf im
Personalmanagement**
ISBN 978-3-589-24039-5

Verhandlungstechniken
ISBN 978-3-589-23991-7

**Wirkungsvolles
Konfliktmanagement**
ISBN 978-3-589-24001-2

Weitere Informationen zum Programm erhalten Sie im Buchhandel
oder im Internet unter **www.cornelsen.de/berufskompetenz**

Cornelsen Verlag • 14328 Berlin
www.cornelsen.de